AF329045

DE LA SÉPARATION
DES PATRIMOINES

THÈSE
POUR LE DOCTORAT

L'acte public sur les matières ci-après sera soutenu,
Le Mercredi 22 août 1860, à 8 heures,

PAR

H. F. Alfred AYMÉ

NÉ A LUNÉVILLE (MEURTHE)

Président : M. VUATRIN, Professeur.

Suffragants

MM. PELLAT, Doyen de la Faculté,
DUVERGER,
} Professeurs.

DEMANGEAT,
BATBIE,
} Suppléants.

Le Candidat répondra en outre aux questions qui lui seront
faites sur les autres matières de l'Enseignement.

PARIS

IMPRIMERIE ET LITHOGRAPHIE RENOU ET MAULDE,
RUE DE RIVOLI, 144.

1860

A TOUS CEUX QUE J'AIME.

DE LA SÉPARATION

Des Patrimoines.

---

§ I.

NOTIONS PRÉLIMINAIRES.

A la mort d'une personne, la masse active et passive de ses biens se transporte sur la tête de son héritier, qui désormais représente le défunt dans la société, continue sa personne et succède à ses obligations en même temps qu'à ses droits.

Cette transmission empêche le lien des générations de se rompre; quelque chose de l'homme lui survit encore même sur la terre; en mourant il ne disparaît pas tout entier d'ici-bas; il laisse quelqu'un après lui, qui, dans l'ordre moral comme dans l'ordre civil, recueillera son souvenir et reprendra son existence; c'est ainsi que par l'hérédité, tout en se transformant sans cesse, « la société se maintient et se perpétue malgré la mobilité des individus que le temps dévore si vite. » (1).

Cependant la confusion qui s'opère entre les deux pa-

---

(1) M. Nicias-Gaillard, *Revue de législation et de jurisprudence.* — Mars 1856, sur la séparation des patrimoines.

trimoines du défunt et de l'héritier, et qui rend le second
propriétaire des biens, créancier des débiteurs et débiteur des créanciers du premier, pourrait souvent produire, soit pour l'héritier lui-même, soit pour les créanciers du défunt, des résultats désastreux que le législateur devait fournir le moyen d'empêcher.

Ainsi, d'une part, il peut se faire que la succession
soit insolvable, et qu'en l'acceptant purement et simplement, l'héritier s'expose à être tenu indéfiniment des dettes
qui grevaient le défunt. A l'effet de le soustraire à ce préjudice, la loi a créé en sa faveur le *bénéfice d'inventaire*,
qui permet à l'héritier, moyennant certaines formalités,
de ne pas confondre ses biens personnels avec ceux du
défunt et de n'être tenu des charges de la succession que
jusqu'à concurrence de l'émolument qui la compose.

D'autre part, il peut arriver que la succession soit
solvable, tandis que l'héritier lui-même se trouve obéré :
par l'effet de la confusion de son patrimoine et de celui
du défunt, les créanciers de ce dernier ne fussent plus
venus que par contribution et en concurrence avec les
créanciers personnels de l'héritier, sur des biens qui
eussent suffi pour le paiement intégral de leurs créances,
si, par une juste réciprocité, la loi n'avait sauvegardé
leurs intérêts par l'introduction du bénéfice de *séparation des patrimoines*, au moyen duquel ils peuvent être
payés sur les biens composant l'actif de la succession
préférablement aux créanciers personnels de l'héritier.

Ce droit qui leur est accordé de faire distinguer des
biens personnels de l'héritier ceux de la succession qu'il
a recueillie, et la préférence qui en résulte, sont fondés

sur un principe de logique et d'équité (1) : car, si d'un côté tous les biens présents et à venir d'une personne doivent être le gage commun de ses créanciers ; s'il ne doit exister entre eux d'autres causes de préférence que celles qui naissent de leurs titres ou de la nature de leurs créances ; si l'on peut leur imputer de n'avoir point, au moment où ils ont contracté, cherché à connaître les chances qu'ils pouvaient courir et la véritable position de celui auquel ils allaient prêter, de s'être trop légèrement déterminés à traiter avec lui, sans exiger aucune sûreté, ou en se contentant de sûretés insuffisantes, — d'un autre côté, on ne saurait faire un semblable reproche aux créanciers du défunt, qui n'ont connu que lui seul, n'ont pas contracté avec son héritier et n'ont pu prévoir son insolvabilité. Avant de tomber dans le patrimoine de celui-ci, les biens dont la succession se compose étaient leur propre gage et se trouvaient affectés à l'exécution des engagements dont le défunt était tenu envers eux ; l'héritier ne les recueille que déduction faite des dettes et des charges qui les grèvent : *Bona non intelliguntur nisi deducto aere alieno* (2); et ses créanciers, qui sont ses ayant-cause, ne peuvent évidemment y avoir plus de droits que lui-même (3).

§ II.

ORIGINE DU BÉNÉFICE DE SÉPARATION DES PATRIMOINES.

L'origine de la séparation des patrimoines est toute

---

(1) *Hic est igitur æquissimum.* Ulp. Loi 1, § 1., Dig. de Separationibus.
(2) Paul. Loi 39, § 1., Dig. de Verbor. signific.
(3) Voir Pothier, *Coutume d'Orléans*, introd. au tit. des success., n. 127; — *Traité des Success.*, chap. V, Séparat. des patrim.

romaine. Dérogeant à la stricte application des principes purs du droit civil, mais fondée sur la justice naturelle (1), elle se liait à l'ensemble des voies d'exécution forcée accordées aux créanciers contre leur débiteur et se rattachait à la théorie générale de tous les cas de *séparation de biens*, dont elle n'était qu'une des applications. Dans son œuvre de correction du droit civil, le préteur avait suppléé à ses lacunes et tempéré par l'équité les conséquences trop rigoureuses de ses principes. C'est ainsi qu'au cas d'institution d'un héritier nécessaire (2), alors que pour protéger sa mémoire et afin d'empêcher qu'elle ne fût ternie par la vente de ses biens sous son propre nom (3), un citoyen insolvable avait affranchi et institué héritier son esclave, forcé bon gré mal gré de recevoir cette succession, le préteur avait apporté remède en sa faveur aux effets produits, selon le droit strict, par la confusion opérée entre les deux patrimoines du défunt et de l'héritier, et, au moyen de la séparation de biens, avait permis à l'esclave héritier nécessaire de soustraire aux poursuites des créanciers héréditaires tous les biens qu'il pourrait acquérir par la suite, y compris même les créances qu'il avait à faire valoir contre le testateur (4). Dans le cas de vente des biens d'un fils de famille, le bénéfice de séparation avait été

(1) *Hæc separatio contra stricti juris rationem datur. Enimvero cum heres adeundo hereditatem bona hereditaria efficiat sua, creditores heredis, ex stricta ratione æquale in his bonis jus habent cum creditoribus defuncti..... Ab hoc tamen stricto jure recedit prætor, indulgendo ut bona quæ defuncti fuerunt, separentur....* Pothier, Pandect. Justin., lib. XLII, tit. VI.

(2) Instit. Qui et ex quibus caus. manumitt. non pos. Lib. 1, tit. 6, § 1. — De hered. qualit. et different. Lib. 2, tit. 19, § 1.

(3) Gai. Comm. II, § 154.

(4) Loi 1, § 18, Dig. de Separationibus.

aussi accordé aux créanciers du péculo castrense (1). Il appartenait encore au fils de famille, qui pouvait, d'après une constitution de l'empereur Claude, faire séparer les biens composant son péculo des biens de son père, lorsque ceux-ci étaient occupés par le fisc (2). La même prérogative avait été établie au profit du patron appelé à recueillir les biens de l'esclave qu'il avait affranchi et qui lui-même avait accepté une succession insolvable ; de telle sorte qu'il pouvait faire distinguer les biens propres de l'affranchi de ceux composant l'actif de l'hérédité qui était échue à ce dernier, à l'effet de se décharger des dettes qui la grevaient (3). Le bénéfice de séparation existait également en faveur de l'héritier fiduciaire qui n'avait accepté que sur l'ordre du préteur, conformément au sénatus-consulte *Pégasien* (4), une hérédité qui lui paraissait onéreuse : si, par une cause quelconque, la restitution de l'hérédité ne pouvait être faite au fidéicommissaire, l'héritier fiduciaire ou même ses créanciers pouvaient, en vertu d'un rescrit d'Antonin, obtenir la séparation de biens, de telle sorte que le patrimoine du testateur était vendu comme s'il n'y avait pas eu adition de son hérédité (5). Enfin, dans l'espèce qui était la plus fréquente, dans notre hypothèse spéciale de l'insolvabilité de l'héritier (6), le préteur avait accordé la séparation de biens aux créanciers du défunt et aux légataires qu'il

(1) Loi 1, § 9. Dig. de Separat.
(2) Loi 3, § 4, in fine. Dig. de Minoribus. Ulp.
(3) Loi 6, § 1, Dig. de separat.
(4) Instit. Lib. 2, tit. 23, § 6, Fideicomm. heredit.
(5) Loi 1, § 6, Dig. de Separat.
(6) Loi 1, § 1, *id.* — *Maxima tamen pars ejus ut de separatione illa quæ hereditariis creditoribus conceditur…..* Cujas. T. I, p. 847. D.

avait institués (1); mais, dans ce cas, comme dans tous les autres, d'après le système de la législation romaine, la faculté de demander la séparation des patrimoines ne donnait pas lieu à une action isolée; elle était subordonnée à l'existence d'une condition préalable, à savoir : la vente forcée des biens du débiteur sur la poursuite de ses créanciers, et n'était qu'un incident de cette procédure. Plus tard, la séparation des patrimoines devait prendre, dans notre ancienne jurisprudence française, le caractère qu'elle a conservé, se dégager de la nécessité de poursuites en expropriation, et, s'appliquant exclusivement aux créanciers héréditaires et aux légataires, devenir pour eux un moyen direct de sauvegarder leurs droits et d'assurer le paiement de ce qui leur est dû sur les biens qui appartenaient au défunt.

(1) Loi 6, princip., *id.*

CHAPITRE PREMIER

De la séparation des Patrimoines en Droit romain.

§ Ier.

CARACTÈRE ET PROCÉDURE DE LA SÉPARATION DES PATRIMOINES.

Nous venons de dire que la séparation des patrimoines ne se présentait en droit romain que comme étant un incident et faisant partie intégrante des poursuites en expropriation dirigées par les créanciers contre leur débiteur. Le titre du Digeste (1) où il est traité de tous les cas de séparation de biens se trouve placé entre le titre *de Rebus auctoritate judicis possidendis* et le titre *de Curatore bonis dando*. Au Code, il est traité de la séparation de biens et de l'envoi en possession des créanciers sous une seule et même rubrique : « de Bonis auctoritate judicis possidendis seu venundandis et de separationibus bonorum (2) ». La séparation des patrimoines s'obtenait par un décret du préteur (3), ou du président dans les provinces (4). A la *manus injectio*, ou main-mise sur la

(1) Lib. XLII. tit. 6.
(2) Cod. Lib. VII, tit. 72.
(3) *Sciendum est separationem solere impetrari decreto prætoris.* Loi 1, princip. Dig., de Separat. Ulp.
(4) *Idem*, § 14.

personne même du débiteur, cet antique moyen d'exécution du droit quiritaire, qui avait fini par convertir chaque palais de patricien en une prison particulière et avait été plus d'une fois cause d'agitation et de trouble dans la république (1), à cette procédure cruelle des premiers temps, qui commençait par l'esclavage de fait du débiteur, et pouvait aboutir, après certains délais, à son esclavage de droit et à la faculté conférée au créancier de le vendre à l'étranger, au delà du Tibre, ou même de le mettre à mort (2), le droit prétorien avait substitué, sous le système formulaire, la *missio in possessionem* des créanciers sur les biens de leur débiteur : ce n'est plus sur la personnalité physique de celui-ci, comme sous l'empire des anciennes actions de la loi, que s'exercent les poursuites des créanciers, mais bien sur sa personnalité juridique, c'est-à-dire sur l'ensemble de ses droits, tant actifs que passifs. La condamnation étant toujours pécuniaire, il s'agit de contraindre le débiteur au paiement d'une somme d'argent déterminée. Après un délai de trente jours, le préteur, *cognitâ causâ*, se réservant la connaissance de l'affaire, sans en déléguer l'examen à un juge, prononçait un premier décret, par lequel il envoyait, sur leur demande, les créanciers en possession de tous les biens de leur débiteur, constituant ainsi à leur profit une sorte de *gage prétorien* (3). A partir de ce moment,

_____

(1) *Tit. Liv.* V, 14 ; VI, 36 ; VII, 16.

(2) Duodec. Tabul. Lex III. — Voir M. Ortolan, *Histoire de la législation romaine*, 4ᵉ édit, pag. 87, 100 et 110.

(1) *Non est mirum, si ex quacumque causa magistratus in possessionem aliquem miserit, pignus constitui...* Dig. Lib. XIII, tit. 7, loi 26. Ulp. — Cujas, Lib. XII. Respons. Papin. ad. l. IV, de Separat.

il s'écoulait un nouveau délai pendant lequel la vente et les conditions auxquelles elle devait avoir lieu étaient annoncées au moyen d'affiches (1). Un syndic, *magister*, était préposé à l'administration de l'ensemble des biens qui formaient le gage judiciaire des créanciers, et, en vertu d'un second décret du préteur, il procédait à leur vente (2). C'est entre ces deux décrets du préteur, entre le dessaisissement du débiteur et la réalisation du prix au profit des créanciers, que s'interposait la demande en séparation des patrimoines. Les textes indiquent bien clairement que c'est à l'existence de poursuites en expropriation dirigées contre le débiteur que se rattache l'exercice de ce droit : « Debitorem quis Seium habuit, hic decessit, heres ei extitit Titius ; hic non est solvendo, patitur bonorum venditionem ; creditores Seii dicunt bona Seii sufficere sibi..... (3) ». Ces expressions : *patitur bonorum venditionem*, montrent bien dans quelles circonstances intervient la demande en séparation. La nécessité de la vente forcée des biens du débiteur apparaît au surplus comme un précédent indispensable dans tous les cas de séparation de biens (4). Mais

(1) Il pouvait y avoir dans certains cas des motifs particuliers pour que la vente n'ait pas lieu dans les délais habituels et pour que le moment en soit reculé. L'administration des biens du débiteur était confiée alors à un *curateur* choisi par les créanciers et confirmé par le magistrat. Dig. lib. XLII, tit. 7, *de Curatore bonis dando.* — L. 6, § 2, Paul. Quib. ex caus. in poss. eat. Lib. XLII, tit. 4.

(2) Gaii. Comment. 3, § 77 et suiv.

(3) Loi 1, § 1. Dig. de Separat.

(4) *Si primus secundum heredem scripserit, secundus tertium et tertii bona veneant ; qui creditores possint separationem impetrare?* Loi 1, § 8, Dig. de Separat. — *Si filiifamilias bona veneant, qui castrense peculium habet: an separatio fiat inter castrenses creditores cæterosque videamus?* § 9, Id., etc.

peu importe par qui cette condition préalable de contrainte exercée contre le débiteur se trouve remplie, que les poursuites dirigées contre lui émanent d'un créancier héréditaire, ayant droit par conséquent à demander la séparation des patrimoines, ou bien d'un créancier personnel de l'héritier. Le moyen d'exécution forcée employé vis-à-vis du débiteur est un symptôme de son insolvabilité et avertit les créanciers héréditaires de l'utilité qu'il y a pour eux de solliciter un décret du préteur (qui statue toujours *extra ordinem, cognitâ causâ*, sans renvoyer l'examen de l'affaire à un juge) (1), à l'effet d'obtenir la séparation du patrimoine du défunt d'avec celui de l'héritier avant la vente de l'ensemble des biens de ce dernier. Dès lors, la confusion produite par l'adition d'hérédité entre les deux patrimoines cesse ; au lieu d'être compris dans une seule et même adjudication, ils sont vendus séparément, comme s'ils eussent appartenu à deux propriétaires différents : « Et sic quasi duorum fieri bonorum venditionem (2) »; et c'est au profit des créanciers héréditaires qu'a lieu la réalisation du prix des biens de la succession, de la même manière qu'elle eût pu être opérée avant le décès de leur débiteur.

§ II.

A L'ÉGARD DE QUELS BIENS ET PENDANT COMBIEN DE TEMPS LA SÉPARATION DES PATRIMOINES PEUT ÊTRE DEMANDÉE.

En obtenant du préteur la séparation des patrimoines,

(1) *Est indemnitatis remedium edicto prætoris creditoribus hereditariis demonstratum, ut quoties separationem bonorum postulant, causa cognita impetrent.* Loi 2, Cod. de Bonis auctorit. judic. — *De his autem omnibus an admittenda separatio sit, necne : prætoris erit vel præsidis notto, nullius alterius.* — Loi 1, § 14, Dig. de Separat.

(2) Loi 1, § 1, Dig. de Separat,

les créanciers du défunt ne font, ainsi que nous l'avons déjà dit, que mettre en œuvre leur droit de gage sur les biens qui lui appartenaient, à l'effet d'empêcher les créanciers personnels de l'héritier qui se trouve insolvable de concourir avec eux sur les biens dont l'hérédité se compose, et, de cette façon, d'obtenir le paiement intégral de ce qui leur est dû, si l'actif de la succession est supérieur ou égal à son passif, ou de subir une perte moins grande, au cas où la succession elle-même est insolvable, mais à un degré moindre que l'héritier (1). D'après le système de la législation romaine, et contrairement à ce qui se passe dans notre droit actuel, la séparation des patrimoines était *collective* ou *par masse*, c'est-à-dire qu'elle ne portait pas sur tel ou tel bien détaché isolément de l'ensemble de l'hérédité, mais qu'elle embrassait *tous* les biens dont la succession se composait. Incident de la procédure en expropriation dirigée contre l'héritier, elle donnait lieu à une administration distincte des biens héréditaires, et aboutissait à la vente de l'*universalité* de ces mêmes biens au profit des créanciers du défunt, pendant que le prix d'adjudication de l'*universalité* (2) des biens de l'héritier restait affecté au paiement de ses créanciers personnels. Chez nous, au contraire, comme nous le verrons plus tard, la séparation est *individuelle;* elle n'entraîne pas le dessaisissement du débiteur et ne soumet point la masse entière des biens qui formaient le patrimoine du défunt à un ré-

---

(1) *Fieri enim potest, ut Seius quidem solvendo fuerit, potueritque satis creditoribus suis vel ita semel et si non in assem, in aliquid tamen satisfacere etc.* Ulp. Loi 1, § 1, Dig. de Separat.

(2) Voir Théophile, *Paraphrase des Instit. Liv. III, tit. 12.* — La procé-

gime particulier comme celui auquel elle donnait lieu dans le droit romain, ou analogue à celui qu'entraîne encore dans notre législation l'acceptation par l'héritier de la succession sous bénéfice d'inventaire (1), ou qui devient nécessaire lorsque la succession est vacante (2) : la séparation s'applique seulement à certains biens déterminés, meubles ou immeubles de l'hérédité, sur lesquels, au moyen de certaines précautions et par l'emploi de certaines formalités (3), les créanciers du défunt peuvent s'assurer un droit de préférence et conserver leur gage (4).

dure d'exécution de la *mi sio in possessionem*, qui se terminait par l'*emptio bonorum*, ou la vente en masse du patrimoine du débiteur, constituait, sous le système formulaire, un mode véritable de succession. L'acquéreur assumait sur lui la personne juridique du débiteur; il devenait propriétaire, créancier et débiteur en son lieu et place, sauf la réduction des dettes qu'il devait payer, suivant les conditions auxquelles la vente lui avait été faite. Le débiteur, dépouillé de sa personnalité juridique antérieure, et par là libéré de ses dettes, essuyait un *capitis deminutio*, et commençait désormais une personne nouvelle. L'*emptio bonorum* disparut avec le système formulaire; et peu à peu des tempéraments furent apportés aux moyens d'exécution forcée employés contre les débiteurs, par divers sénatus-consultes, lois ou constitutions impériales. Introduite d'abord comme privilège au profit des personnes illustres (Gaius, loi 5, Dig. lib XXVII, tit. 10), la *distractio bonorum* finit par devenir le droit commun; elle n'entraînait plus pour conséquences contre le débiteur ni déchéance d'état ni succession; l'ensemble de ses biens était vendu non plus par masse, mais en détail, par le ministère d'un curateur. Justinien (Instit. *de Successionibus sublatis quæ fiebant per bonorum venditionem*, lib. III, tit. 12) constate l'état de désuétude de l'emptio bonorum et de la succession *per universitatem*, qui en était le résultat. Il ne s'agit plus désormais que d'une vente particulière des biens du débiteur, sans que chaque acheteur, devenant propriétaire de ce qu'il acquiert moyennant le prix qu'il en donne, succède, comme autrefois, à ses obligations et à ses droits. —Voir M. Ortolan, *Expli. histor. des Instit.*, tom. II, 1851, p. 105 et 106, 510 et suiv.

(1) Art. 793-810, Cod. Nap., 986-990, Cod. proc. civ.

(2) Art. 811-814, Cod. Nap., 998-1002, Cod. proc. civ.

(3) Voir les art. 873 et suiv. — 2111 id.

(4) Voir M. Blondeau, *Traité de la séparation des patrimoines.* 1840, p. 477 et suiv.

Pour que la séparation des patrimoines puisse faire cesser la confusion opérée par l'adition d'hérédité entre les biens du défunt et ceux de l'héritier, il faut qu'en fait ces biens n'aient pas été tellement mélangés ensemble, qu'il ne soit plus possible de les distinguer. Plus fréquentes à l'égard des meubles, les hypothèses de cette confusion matérielle et complète, venant confirmer en quelque sorte et maintenir les effets de la confusion civile résultant des principes du droit et empêcher la séparation de pouvoir se produire, devaient se présenter bien rarement à l'égard des immeubles (1). Cependant, quoique en principe la séparation doive embrasser tout ce qui composait la fortune du défunt, l'ensemble de ses biens, .si une partie seulement du patrimoine du défunt s'est confondue avec celui de l'héritier, la séparation pourra toujours être accordée aux créanciers héréditaires à l'égard de la portion des biens ayant appartenu à leur débiteur, et qu'il est encore possible de distinguer de la fortune de celui qui a recueilli sa succession (2).

La séparation s'applique aux biens qui formaient le patrimoine du défunt, qui composaient l'actif de sa succession, c'est-à-dire à ceux qui existaient en réalité dans ses mains, ou qui s'y trouvaient seulement en germe, et que l'héritier n'a acquis que postérieurement à son décès, mais *ex hereditate, ex hereditaria causa*, comme, par exemple, un usufruit qui se serait éteint depuis la

(1) On pourrait citer, par exemple, le cas où un fonds héréditaire se détachant par parcelles serait venu, par alluvion, se confondre avec un terrain propre à l'héritier.

(2) Loi 1, § 12, Dig. de Separationibus, Ulp.

mort du défunt et serait venu se rejoindre à la nue-pro-
priété d'un immeuble qui lui appartenait ; c'est là une
acquisition qui advient à l'héritier *ex hereditate*, et qui
doit profiter aux créanciers qui ont obtenu la séparation (1).

Tant que par l'instance en expropriation dirigée contre lui, et par la demande en séparation des patrimoines,
l'héritier n'a point été dessaisi des biens héréditaires
dont il a conservé la propriété et l'administration, il a
pu valablement en disposer, et les créanciers du défunt
doivent respecter soit l'aliénation totale, soit les aliénations partielles qu'il en a faites de bonne foi (2); dans ce
dernier cas, ils ne pourront demander la séparation des
patrimoines que relativement aux biens que l'héritier n'a
pas vendus et qui sont restés encore en sa propriété (3) :
il serait inique de dépouiller les tiers de bonne foi qui
ont contracté avec lui, pour garantir les créanciers héréditaires contre les lenteurs qu'ils ont mises à demander
la séparation, et dont ils doivent s'imputer à eux-mêmes
les conséquences. Mais si c'est en fraude de leurs droits
et de mauvaise foi que l'héritier a fait ces aliénations, ils
pourront évidemment les faire révoquer en vertu et suivant les principes de l'*action paulienne* (4), et demander ensuite la séparation après que les biens seront
ainsi rentrés dans le patrimoine de l'héritier (5).

En restant dans l'hypothèse où la vente des biens hé-

<hr>

(1) Loi 5, id. Paul.
(2) Loi 2, Dig. de Separat, Papin. — Voir Domat, *Lois civiles*, liv. III,
tit. 2, de la Séparation des biens, sect. I, § 5, notes.
(3) Voët, *ad Pandect*, lib. XLII, tit. 6, de Separat. — 4.
(4) Instit. 6, lib. IV, tit. 6. — Dig. *Quæ in fraud. credit*, lib. XLII, tit. 8.
(5) Cujas, *Quæst. Papin.*, lib. XXVI, ad l. 2, de Separat. bonor.

réditaires consentie par l'héritier a été faite de bonne foi, et doit par conséquent être maintenue, la séparation pourrait néanmoins s'appliquer au prix de la vente au cas où il serait encore dû; elle pourrait même aussi avoir lieu, quoique l'héritier fût déjà payé, si le produit qu'il a retiré de l'aliénation ne s'était pas confondu dans son propre patrimoine au point de ne pouvoir plus en être séparé (1) : il y a là en effet une acquisition qui provient *ex hereditate*, et qui, comme telle, doit profiter aux créanciers du défunt.

La règle d'après laquelle les aliénations faites de bonne foi par l'héritier des biens héréditaires mettent obstacle à l'exercice du droit de séparation, ne reçoit au surplus son application que lorsque c'est la propriété elle-même de ces biens qui a été aliénée ; il est probable que cette règle s'étendait aussi aux droits réels consentis par l'héritier sur les biens de la succession, comme une servitude ou un usufruit, qui sont des démembrements partiels de la propriété et constituent de véritables aliénations qui devaient être respectées par les créanciers du défunt, quand ces droits avaient été établis sans mauvaise foi et sans fraude de la part de l'héritier ; mais si, au lieu de vendre le bien héréditaire, celui-ci l'a seulement donné en gage ou grevé d'hypothèques, comme il n'y a pas là, à proprement parler, une aliénation, et que le bien reste toujours compris dans le patrimoine de l'héritier, d'après un rescrit de Sévère et d'Antonin, il demeure soumis au droit de séparation,

____

(1) Voir Voët, loc. cit. — Loi 78, Dig. de Solution. Javolen.

qui appartient aux créanciers tout comme s'il était libre de gage ou d'hypothèque (1).

Enfin, alors même que les biens de la succession n'ont pas été aliénés par l'héritier, ou qu'ils ne se sont pas matériellement confondus dans son propre patrimoine, il ne peut perpétuellement rester sous le coup d'une demande en séparation; et son crédit et l'intérêt de ses créanciers personnels exigent qu'après un certain temps la propriété des biens héréditaires, qui, par l'adition, lui a été conférée suivant le droit civil, mais que le préteur peut encore lui enlever, lui soit incommutablement acquise : aussi, après un délai de cinq ans à partir de l'adition d'hérédité, les créanciers du défunt sont-ils déchus du droit d'obtenir la séparation des patrimoines (2).

§ III.

DE CEUX AUXQUELS LA SÉPARATION DES PATRIMOINES PEUT ÊTRE ACCORDÉE (3).

Le préteur accorde la séparation des patrimoines aux

(1) Loi 1, § 3. Dig. de Separat. — *Quia hypotheca non est alienatio et manet nihilominus hereditas apud heredem semper.* Cujas, loc. cit.

(2) Loi 1, § 13, Dig. de Separat.

(3) Nous continuons à ne traiter spécialement ici que du bénéfice de séparation des patrimoines existant soit au profit des créanciers du défunt, soit au profit de ses légataires. Nous avons vu déjà que le droit romain n'avait pas à cet égard de théorie particulière, et que cette matière se rattachait au système général de toutes les hypothèses dans lesquelles le préteur avait jugé équitable d'empêcher les effets produits par la confusion opérée entre les patrimoines de deux personnes, et de rétablir la séparation de leurs biens. En protégeant, au moyen de la séparation des patrimoines, les créanciers du défunt contre l'insolvabilité de son héritier, le préteur n'avait pas pensé qu'il y eût lieu, par réciprocité, d'accorder le même secours aux créanciers personnels de celui-ci, quand bien même il eût empiré leur position par l'acceptation d'une succession onéreuse. *Sibi enim imputent qui cum tali contraxerunt;* leur débiteur restait le maître de faire tels actes qu'il lui plaisait,

créanciers héréditaires, pour les replacer dans la situation où ils se trouvaient avant le décès de leur débiteur et afin de les mettre à l'abri de l'insolvabilité de l'héritier; mais il faut évidemment, pour qu'ils puissent réclamer ce bénéfice, qu'ils n'aient pas accepté l'héritier lui-même pour leur débiteur: cette acceptation constituerait en effet de leur part une sorte de novation qui les empêcherait de se présenter désormais comme étant les créanciers du défunt, en vue d'obtenir la séparation des patrimoines. La déchéance qu'ils encourent peut résulter soit d'une novation expresse, d'une stipulation (1) manifestant l'intention formelle des créanciers de suivre la foi de l'héritier et de l'avoir pour seul débiteur, soit de certains faits qui peuvent faire supposer qu'ils ont eu cette intention, et en conséquence qu'ils ont renoncé au droit d'obtenir la séparation des biens composant l'actif de la succession : il y a là une question laissée à l'appréciation du magistrat, qui, ainsi que nous le savons, ne

pourvu que ce fût de bonne foi et sans fraude de leurs droits ; ils ont eu le tort de contracter avec un homme dont l'imprudence et la légèreté devaient leur être connues ; ils ne peuvent faire cesser la confusion qui s'est opérée entre le patrimoine de leur débiteur et celui de l'hérédité insolvable dont il a fait adition, et n'ont aucun remède contre les résultats désastreux qui s'ensuivent pour eux. (*Ulp., loi 1, § 2, Dig. de Separat.*) —Si, au contraire, c'est de mauvaise foi et en fraude des droits de ses créanciers que l'héritier a accepté la succession qui lui était échue, et a ainsi empiré leur position, ceux-ci peuvent évidemment faire rescinder cette acceptation en vertu du principe général de l'*action paulienne*. Et même, exceptionnellement, dans des cas rares, lorsque, par exemple, les créanciers du défunt, profitant de l'adition faite par l'héritier, dirigent sans délai contre lui des poursuites en expropriation, le préteur peut venir immédiatement au secours des créanciers personnels de l'héritier, en leur accordant la séparation des biens de leur débiteur, pour les soustraire au préjudice et à la fraude dont ils seraient victimes. (§ 5, id.)

(1) Loi 1, § 10, Dig de Separat.

statue sur la demande en séparation des patrimoines qu'après examen, *cognitâ causâ*.

Les textes indiquent comme faisant présumer que les créanciers héréditaires ont suivi la foi de l'héritier et comme devant leur faire perdre le bénéfice de séparation, les circonstances suivantes, savoir : s'ils ont demandé des intérêts à l'héritier (1), s'ils ont accepté de lui un gage (2) ou un fidéjusseur (3). Dans ces hypothèses, ils doivent subir les conséquences de l'acceptation qu'ils ont faite de l'héritier pour leur débiteur, et ils ne seraient plus admis à revenir sur la position qui résultait pour eux de l'application des principes du droit civil et qu'ils ont évidemment, par leurs actes, manifesté l'intention de conserver. Si donc le fidéjusseur dont les créanciers ont réclamé la garantie se trouve insolvable, ils supporteront les risques qu'ils ont volontairement courus ; car, dit Ulpien, ils doivent se reprocher à eux-mêmes de n'avoir point eu recours aux précautions que le droit prétorien leur offrait au moyen de la séparation des biens du défunt d'avec ceux de l'héritier : « Et sibi imputent cur minus idoneos fidejussores accipiebant. » Ulpien ajoute, cependant, que quelquefois le préteur peut restituer les créanciers héréditaires contre les conséquences de la détermination qu'ils ont prise, en considérant comme non avenue la séparation des patrimoines qu'ils ont demandée par erreur; mais ce n'est que difficilement, en quelque sorte, que le préteur accorde cette

(1) Loi 1, § 10, Dig. de Separat.

(2) Loi 1, § 15, cod. tit.

(3) Loi 1, § 11, cod. tit.

restitution, qui ne fait, au surplus, que rendre aux principes du droit civil leur application, et à l'addition d'hérédité ses effets (1).

Nous avons dit déjà que le créancier qui stipule de l'héritier dans le but de faire une novation, l'accepte par là même comme débiteur. S'il dirige des poursuites contre lui, toujours *animo novandi* (2), il renonce également au droit de demander la séparation des patrimoines (3); mais il faudrait prendre garde de faire produire ce résultat à toute action intentée contre l'héritier, car le créancier héréditaire peut se trouver dans la nécessité de le poursuivre, pour prendre des mesures conservatoires, par exemple pour empêcher la prescription de son droit d'agir (4), bien qu'il ait des doutes sur sa solvabilité et ne veuille pas suivre sa foi (5).

Parmi les créanciers du défunt, quelques-uns seulement peuvent demander la séparation des patrimoines, tandis que les autres acceptent l'héritier pour leur débiteur; ces derniers sont alors traités comme ses créanciers personnels et viendront concourir avec eux sans pouvoir

(1) Loi 1, § 17, Dig. de Separat., in fine.

(2) On sait que sous le système de la procédure formulaire, au moment de la *litis contestatio*, quand le magistrat avait rédigé la formule d'action et renvoyé les plaideurs devant le juge, il s'opérait une sorte de *novation judiciaire*, qui remplaçait le premier lien de droit existant entre les parties par un nouveau rapport légal, qui consistait dans l'obligation pour elles de subir le *judicium*, et de se soumettre à la sentence que le juge viendra à prononcer. C'est ce que Gaius (*Comment.* 3, § 180) indique dans les termes suivants « Ante litem contestatam dare debitorem oportere, post litem contestatam condemnari oportere, post condemnationem judicatum facere oportere. » — Voir M. Bonjean, *Traité des Actions*, t. 1, p. 473 et suiv.

(3) Loi 1, § 10, Dig. de Separat.

(4) De perpet. et temporal. act... Instit., lib. IV, tit. 12.

(5) Loi 7, Dig. de Separat, Marcian. — Loi 2, in fine, Cod. de Bonis auc. Jud... imp. Gordian.

invoquer ensuite la protection qu'ils auraient trouvée dans la séparation (1); ils ont couru les chances de la confusion opérée entre les biens du défunt et ceux de l'héritier, et doivent en supporter les conséquences; mais la séparation ne doit profiter aux créanciers héréditaires qui l'ont obtenue que dans la limite du bénéfice qu'ils en eussent retiré si tous l'eussent demandée au préteur; ils ne peuvent prétendre que tout le patrimoine du défunt serve à les désintéresser comme s'ils se trouvaient être ses seuls créanciers : la séparation remet en effet les choses dans l'état où elles étaient du vivant de leur débiteur, où elles seraient encore sans l'adition d'hérédité ; or, à ce moment, les créanciers du défunt, ceux qui ont obtenu la séparation comme ceux qui ne l'ont point réclamée, se fussent trouvés en concurrence ; et si l'actif de leur débiteur avait été inférieur à son passif, ils n'eussent été payés les uns et les autres que proportionnellement au montant de leurs créances : c'est la même proportion qu'il s'agit de maintenir en attribuant aux premiers ce qui leur fût revenu avant l'adition et en laissant les autres biens du défunt se mêler dans le patrimoine de l'héritier, pour être ainsi le gage des seconds en même temps que de ses propres créanciers (2).

Le droit de demander la séparation des patrimoines appartient indistinctement à tous les créanciers du défunt : peu importe que leurs créances soient pures et simples, actuellement exigibles ou qu'il ne leur soit dû qu'à terme ou sous condition, et que par conséquent ils

(1) Loi 1, § 16, Dig. de Separat.
(2) Voët, *ad Pandectas*, lib. XLII, tit. 6-3.

ne puissent encore rien réclamer, leur droit restant suspendu ou incertain (1). Papinien, qui fonde cette décision sur l'équité, en donne le motif en ces termes : *Quoniam et ipsis cautione communi consuletur.* Il ne saurait y avoir de sérieuse raison de douter pour les créanciers à terme, dont le droit existe en réalité, bien que l'exécution en soit momentanément retardée jusqu'à l'expiration du délai déterminé (2). Mais il pouvait y avoir difficulté quant aux créanciers conditionnels, dont le droit n'existe pas encore, à l'égard desquels les textes disent : *Tantùm spes est debitum iri* (3), qui n'ont qu'une espérance qui pourra s'évanouir ; et il semblerait que cette incertitude dût peut-être mettre, vis-à-vis d'eux, une entrave à l'exercice du droit de séparation des patrimoines. Cependant, comme en définitive on ne peut nier que celui qui a promis conditionnellement ne se trouve réellement moins libre qu'il ne l'était auparavant, qu'il ne soit sous un certain rapport obligé, et qu'il n'existe une sorte de lien, sous la chance d'un événement futur et incertain, entre lui et celui qui a stipulé, les jurisconsultes reconnaissent à ce dernier la qualité de créancier (4), et lui accordent, comme tel, la faculté de demander la séparation des patrimoines pour garantie de ses droits éventuels. Cette solution de Papinien suppose implicitement que les créanciers conditionnels peuvent obtenir l'envoi en possession des biens du débi-

(1) Loi 4, Dig. de Separat.
(2) Instit., lib. III, tit. 15, § 2, de Verbor. obligat.
(3) Instit., lib. III, tit. 15, § 4, de Verbor obligat.
(4) *Eum qui stipulatus est sub conditione, placet etiam pendente conditione creditorem esse.* Loi 42, princip. Dig., de Obligat. et actio. Ulp. — Loi 54, Dig. de Verbor. signific. Ulp.

tout; puisque nous savons que la demande en séparation,
ne se présentant que comme un incident de la procédure
en expropriation, doit être nécessairement précédée du
préliminaire de la main-mise que le préteur accorde aux
créanciers, pour la sûreté de leurs droits, sur l'ensemble
des biens de leur débiteur, au moyen de l'envoi en possession. Nous voyons, en effet, au titre *Quibus ex causis in
possessionem eatur*, que les créanciers conditionnels peuvent obtenir l'envoi en possession (1). C'est le gage prétorien qui se trouve ainsi constitué, la garantie, la caution
réelle qui en résulte et qui porte sur tout le patrimoine
du débiteur, que Papinien veut sans doute désigner par ces
expressions : « Quoniam et ipsis cautione communi consuletur; » et c'est de cette façon que Pothier les inter-
prète (2). Assimilés par le préteur aux créanciers purs et
simples relativement à l'envoi en possession, les créanciers conditionnels devaient l'être également à l'égard
de la séparation des patrimoines. Cependant, nous trouvons au même titre un autre texte de Paul qui leur refuse le droit d'être envoyés en possession, parce qu'il
n'appartient qu'à ceux qui peuvent faire procéder à la
vente des biens du débiteur, dont l'envoi en possession
n'est qu'un préliminaire (3). Les commentateurs ont
essayé de résoudre la difficulté résultant de la contradiction qui semble exister entre ces deux lois, et ils ont proposé divers moyens de les concilier. D'après Doneau (4),

(1) Lib. XLII, tit. 4, Dig. Loi 6, Princip. Paul.
(2) Pandect. Justin., de Separat., art. 2, note 4.
(3) Loi 14, § 2. Quibus ex caus..., Dig.
(4) Voir Pothier, Pandect. Justin, lib. XLII, tit. 4, Quibus ex caus. in poss.
eat., art. 2, n° 3, note.

le créancier conditionnel ne peut être envoyé en possession lorsqu'il se trouve seul ; mais il peut l'être conjoin-
tément avec d'autres créanciers. Suivant le président
Favre (1), au contraire, ce n'est que lorsqu'il est seul
que le créancier conditionnel a la faculté et le besoin
d'obtenir l'envoi en possession ; mais quand il se trouve
en concours avec d'autres créanciers, il lui serait inutile
d'y avoir lui-même recours, car l'envoi en possession des
biens du débiteur (à la différence de ce que nous avons
dit plus haut à l'égard du bénéfice de séparation des patrimoines, dont ne peuvent se prévaloir que les créanciers
héréditaires auxquels le préteur l'a accordé) profite également à tous les créanciers, même lorsqu'ils ne l'ont point
tous réclamé (2), puisque c'est toute la masse des biens
du débiteur, l'ensemble complet de son patrimoine qu'il
s'agit de vendre pour servir au paiement intégral ou partiel de ses créanciers. Mais, si les créanciers à terme ou
conditionnels peuvent être envoyés en possession, ce
n'est que d'une manière inefficace, et l'envoi qu'ils obtiennent reste au moins momentanément sans effet.

Telle est l'interprétation donnée par Cujas (3), qui
concilie ainsi les deux textes de Paul, et cette interprétation est reproduite et adoptée par Pothier (4). Une
fois envoyés en possession, les créanciers à terme ou
conditionnels ne pourront en effet faire procéder à la
vente des biens du débiteur avant l'arrivée du terme

(1) Pothier, cod. loc.
(2) Dig. de rebus auct. jud. possid. Lib. XLII, tit. 5, loi 12, Paul.—Code,
lib. VII, tit. 72, de bonis possidend. Loi 10, imp. Justin.
(3) Lib. XII, respons. Papin. ad l. IV, de separat. Pages 1346 et 1347.
(4) *Pandect. Justini.* Lib. XLII, tit. 4, quibus ex caus. in poss. eat. III,
note 4 ; tit. 5 de rebus auct. jud. IV, note 2.

convenu ou l'événement de la condition stipulée (1). Si le débiteur se refuse à ce qu'ils se mettent en possession de ses biens en vertu du décret du préteur, ils n'auront point pour triompher de ses résistances l'*interdit* (2), qui est accordé aux créanciers auxquels il est dû purement et simplement, ou l'action *in factum, quanti ea res erit* (3), qui leur appartient également contre quiconque s'opposerait à leur mise en possession et qui tend à les indemniser du préjudice résultant pour eux de l'obstacle qu'ils rencontrent (4). Ayant stipulé du débiteur avec l'adjonction d'un délai ou sous la chance d'un événe-

(1) Dig. quibus ex caus. in possess. eat. Loi 14, § 2, Paul; Loi 7, § 14. Ulp.

(2) A la différence de l'action proprement dite, dans laquelle le préteur, posant dans sa formule des questions à résoudre, en renvoie l'examen à un juge qu'il investit du pouvoir de condamner ou d'absoudre, l'interdit est une ordonnance, un décret rendu par le préteur. Il ne pose pas la question, il la tranche; il ne renvoie pas la connaissance de l'affaire à un juge, il la décide lui-même. Cette procédure plus expéditive et par laquelle le magistrat interposait directement son pouvoir, s'employait dans les matières plus spécialement placées sous l'autorité publique, et dans lesquelles l'administration doit accorder immédiatement aux citoyens sa surveillance et sa protection, comme, par exemple, pour les choses de droit divin ou religieux ou d'un usage commun. Dans les contestations entre particuliers, lorsque la nature de l'affaire est d'être urgente, s'il y a des voies de fait à craindre, par exemple, dans les difficultés relatives à la possession, le magistrat rend aussi un interdit, il prononce entre les deux adversaires. Si son ordre est exécuté, tout est terminé. Mais s'il y a refus d'y obtempérer ou contestation, il faudra que le demandeur obtienne la délivrance d'une formule d'action, conforme à l'*édit* particulier rendu entre les deux plaideurs, afin que le juge prononce sur la contestation. (Voir Gaius, comm. IV, §§ 139, 141, etc. . Bonjean, *Traité des Actions*, t. 2, p. 344 et suiv. et p. 358; M. Ortolan, *Explic. des Inst.* Liv. IV, tit. 15 des Interdits).

(3) Voir sur l'origine des actions *in factum*, leur utilité, leurs applications, leur différence avec les actions *in jus*, M. Ortolan, loc. citat. (Procédure formulaire, § actions in jus ou in factum, etc.).

(4) Dig. Lib. XLIII, tit. IV, ne vis fiat ei qui in possess. — Pothier. Pandect. Justin, hoc titul. — Au besoin, les envoyés pouvaient être mis en possession par le secours de la force publique. (Loi 3, princip. hoc tit. Ulp. et loi 5, § 27, ut in poss. legat. Lib. XXXVI, tit. 4).

ment futur et incertain, sans exiger de lui aucune garantie, les créanciers à terme ou conditionnels ne peuvent évidemment lui réclamer aucune caution pour la sûreté de leur droit tant qu'il n'est pas devenu exigible. Il n'y a pas motif non plus à constituer à leur profit le gage prétorien qui résulte de l'envoi en possession, puisqu'ils ne peuvent pas poursuivre actuellement le débiteur, ne peuvent rien exiger de lui, et que par conséquent on ne se trouve dans aucune des hypothèses (1) où il y a lieu pour le préteur d'accorder véritablement et efficacement aux créanciers l'envoi en possession, pour aboutir, après les formalités et les délais prescrits, à la vente des biens du débiteur ; et nous savons que ce pouvoir de faire vendre n'appartient pas aux créanciers dont nous nous occupons (2). Cependant, dans le cas où il s'agit d'une action de bonne foi (3), il rentre dans l'office du juge, qui

______

(1) Dig. Lib. XLII, tit. IV, quibus ex caus. in poss. eat. Loi 7, § 14. Ulp. — Les hypothèses dans lesquelles le préteur envoie les créanciers en possession des biens de leur débiteur peuvent se présenter, soit en cas de mort de celui-ci, soit aussi lorsqu'il est encore vivant. Quand le débiteur est mort, alors qu'il est certain qu'il n'a aucun successeur légal. Lorsqu'il est vivant, quand il est *indefensus*, qu'il se cache frauduleusement pour éviter les poursuites de ses créanciers, etc. (Voir Gaius, comm. III, § 78; Dig. hoc tit., loi 7. Ulp.) — Nous avons plus haut expliqué sommairement la marche de la procédure d'exécution forcée dont l'envoi en possession est le préliminaire ; cet envoi n'attribue point aux créanciers la possession juridique des biens du débiteur, mais seulement leur possession de fait, leur garde et leur surveillance, jusqu'au moment où, après les délais voulus, ils pourront faire vendre le gage ainsi constitué à leur profit. (Loi 12, hoc tit. Pompon. Lib. XIII, tit. 7, loi 20 princip. Ulp. de pignerat. act. M. Bonjean, *Traité des Actions*, tome 2, p. 551 et suiv.).

(2) Loi 7, § 14. Loi 14, § 2, Ulp. Dig. quib. ex caus. in poss. eat.

(3) La division des actions de droit strict et de bonne foi est tirée de la nature des pouvoirs que la formule confère au juge et aussi du droit poursuivi par le demandeur. En général, les actions civiles sont de droit strict ; le demandeur poursuit, par exemple, l'exécution d'une stipulation qu'il a faite ; le juge n'a à prononcer que sur l'obligation unilatérale du défendeur

doit apprécier *ex æquo et bono* les intérêts respectifs des parties, de pouvoir ordonner au débiteur de fournir une caution aux créanciers à terme ou conditionnels eux-mêmes (1), dans le but de les soustraire à l'éventualité de son insolvabilité, encore qu'aucune convention n'ait été faite entre eux à cet égard. C'est en distinguant à ce point de vue les actions de bonne foi des actions de droit strict, que Voët accorde les deux fragments contradictoires de Paul; et si le débiteur refuse de fournir la caution prescrite par le juge pour assurer le paiement de sa dette quand viendra le terme ou se réalisera la condition, ce refus pourra motiver l'envoi en possession de ses biens au profit de ses créanciers (2). Mais, en dehors de l'hypothèse d'une action de bonne foi dirigée contre le débiteur, le juge, n'ayant à se prononcer que sur une pure question de droit civil, sans latitude d'appréciation, se trouve lié par la convention des parties, et il n'y a pas lieu d'ordonner qu'une caution soit fournie pour le paiement de la dette à l'expiration du délai ou à l'arrivée de la condition. Si donc le créancier à terme ou conditionnel peut bien obtenir du préteur

qui a promis de payer une certaine somme; et il ne prononce strictement que d'après les principes du droit civil qui régissent cette obligation. Dans les actions de bonne foi, le juge prend plus particulièrement le nom d'*arbiter*. S'agit-il, par exemple, de l'obligation de l'acheteur résultant d'un contrat de vente, il n'est plus lié par une formule qui lui pose seulement à résoudre une question de droit strict; il peut apprécier d'après l'équité les intérêts des parties plaidantes et prendre toutes les décisions que les règles de la bonne foi lui suggèrent. (Voir Instit. Lib. IV, tit. VI, de action, § 30. Gaius, comm. IV, § 92; Cicéron, *de offic.* III, 15, 16 et 17; M. Ortolan, *des Actions*, procédure formulaire, actions de droit strict et de bonne foi; M. Bonjean, t. 2, p. 262 et suiv.).

(1) Loi 41. Dig. de Judic. Lib. v, tit. I, Papin.
(2) Voët ad Pandectas, Lib. XLII, tit. IV, 2.

l'envoi en possession, c'est par faveur, c'est seulement un usage ; *mitti solet*, comme dit Paul (1) ; mais ce n'est pas en réalité le droit, puisque cet envoi restera infructueux et ne pourra aboutir à la vente des biens jusqu'à ce que la créance soit devenue exigible ; et que le débiteur pourra impunément se refuser à ce que le créancier se mette effectivement en possession. Il y a cependant un cas, ajoute Cujas (2), où le créancier peut être envoyé en possession d'une manière efficace, même pendant que, par suite de la condition qui y est apposée, l'existence de son droit se trouve momentanément incertaine ; et cette hypothèse est précisément celle où il s'agit d'accorder la séparation des patrimoines aux créanciers héréditaires, Lorsque l'héritier du défunt leur paraît suspect et qu'ils redoutent son insolvabilité, quelle que soit la modalité dont leur créance se trouve affectée, qu'elle soit à terme ou conditionnelle, ou bien qu'elle soit pure et simple et actuellement exigible, ils peuvent, en vertu d'un décret du préteur, exiger de lui une caution (3), et, à son refus de la fournir, à défaut de cette caution personnelle, ils pourront obtenir sur l'ensemble des biens composant la succession, l'envoi en possession qui aura pour conséquence la constitution à leur profit d'un gage prétorien, d'une caution réelle (4) que Papinien suppose que les créanciers héréditaires même conditionnels ont le droit de réclamer comme préliminaire

(1) Loi 6, princip., quib. ex caus.

(2) Lib. xii, *quæst. Papin*, ad l. iv de separat. Page 1347.

(3) Loi 31, princip. Dig. de rebus auctor. jud. possid. Lib. 42, tit. 5. Ulp.

(4) Dig. loi 31. § 3 de rebus auct. jud. possid. — Pothier, Pandect. Justin. quib. ex caus. in poss. eat. Lib. 42, tit. 4, art. V, § 2.

de la demande en séparation des patrimoines, à laquelle ils peuvent recourir pour se garantir contre l'insolvabilité de l'héritier.

Au nombre des créanciers héréditaires, et par conséquent de ceux qui en cette qualité peuvent réclamer le bénéfice de séparation des patrimoines, il faut comprendre certains créanciers qui ont des droits à prétendre sur la succession du défunt, bien que cependant ils n'aient pas pu l'actionner lui-même de son vivant : tels sont ceux auxquels il a promis une somme payable au moment de sa mort, *quum moreretur* (1) ; car le montant de ce qui leur est dû figure évidemment dans le passif qui grève ses biens. La même décision s'appliquerait encore au cas où le fidéjusseur qui a cautionné la dette du défunt a payé pour lui depuis sa mort (2), soit qu'il ait recours à l'action de mandat pour obtenir le remboursement de ses avances, soit qu'il ait exigé du créancier principal, en le désintéressant, la cession des actions qu'il avait contre le débiteur (3). Il en serait aussi de même dans le cas où le défunt ayant promis avec une autre personne avec laquelle il était dans des relations de communauté, de société (*si socii sint*), celle-ci a payé au créancier toute la dette ; elle pourra recourir alors contre la succession

(1) Loi 7, Gaius, Dig. de reb. auctorit. jud. possid.

(2) Loi 7, *id.*

(3) Instit. liv. III, tit. 20, de fidejuss. § 6. Indépendamment des bénéfices de discussion et de division qui lui ont été successivement accordés, le fidéjusseur qui, actionné par le créancier, a payé la dette, peut recourir contre le débiteur principal par l'action de mandat; mais il peut en outre, en payant le créancier, exiger de lui la cession des actions qu'il a contre le débiteur, pour que, de cette façon, les hypothèques dont il peut être muni passent entre ses mains et servent à le garantir lui-même. M. Ortolan, hoc tit., *des actions relatives aux adpromissions.*

par l'action soit de société, soit de mandat, ou toute autre
résultant du lien qui l'unissait au défunt, afin de ne supporter que sa part dans l'exécution de l'obligation contractée en commun (1).

Les légataires institués par le défunt ont des droits à
faire valoir contre sa succession; ce sont donc des créanciers héréditaires qui, bien que le testateur ne leur ait
jamais rien dû personnellement pendant sa vie, peuvent
néanmoins demander la séparation des patrimoines (2).
Il faut en dire autant à l'égard des fidéicommissaires.
Dans l'origine, les fidéicommis, ne reposant sur aucun
lien de droit, mais seulement sur la foi des héritiers, sur
la prière que le testateur leur avait faite de donner aux
personnes qu'il avait désignées, restaient sans aucune
force (3); mais, peu à peu, à partir de l'empire d'Auguste,
ces dispositions, par suite de la faveur qui s'attachait à la
volonté des mourants, devinrent obligatoires, et Justinien finit par les assimiler aux legs (4).

Indépendamment de l'action qui leur compète pour
avoir la délivrance du legs qui leur a été fait, et de l'envoi en possession qu'ils peuvent obtenir du préteur
comme moyen de contrainte et comme préliminaire
d'exécution forcée contre l'héritier qui se refuse à les sa-

(1) A défaut d'une pareille communauté entre les deux copromettants, on
resterait dans les termes stricts de la stipulation, et celui des deux qui aurait payé toute la dette n'aurait aucun recours contre l'autre. Instit. lib.
III, tit. 16, § 1, Dig. lib. XXXV, tit. 2, loi 62, princip. Ulp.

(2) Loi 40, Paul Dig. lib. XLIV, tit. 7 de Obligat. et act. — Loi 6, princip.
Julian, de separat.

(3) Instit. lib. II, tit. 23, de fideicommissar., heredit. § 1.

(4) Inst. eod. titul. § 12, tit. 20, lib. II; de legatis, § 3; Code, lib. VI, tit.
XLIII, communia de legatis, constit. I, imp. Justin.

tisfaire (1), les légataires, s'ils redoutent son insolvabilité, ont donc le droit de demander la séparation du patrimoine du défunt, afin d'être payés sur le prix qui en proviendra préférablement aux créanciers personnels de l'héritier, ce qui est équitable, puisque celui-ci n'a reçu la succession qu'avec les charges qui la grevaient (2).

(1) Code eod. tit. loi 1 et loi 3, § 2, Justin. — Paul, sentent. lib. IV, tit. I, § 17, Cujas, *interpret. in Jul. Paul. Recept. sentent.* lib. IV, tit. I, XXI. — Dig. lib. XXXVI, tit. 4, ut in possess. Legat. loi 9, princip. Papin. et loi 13, Callistr.

(2) Justinien établit en outre, plus tard, dans la constitution 1, au Code *communia de legatis,* liv. VI, tit. 43, au profit des légataires, pour la garantie de leurs droits, une hypothèque sur les choses héréditaires parvenues à la personne grevée du legs. L'action hypothécaire qui en résultait s'exerçait contre chacune des personnes tenues des legs dans la limite de l'action personnelle qui pouvait leur être intentée, le principe étant que les dettes héréditaires se divisent entre les héritiers; mais, dans cette limite, l'hypothèque des légataires, comme toutes les autres hypothèques, est de sa nature indivisible, c'est-à-dire qu'elle continue à frapper tout entière les biens qui y sont soumis, jusqu'à parfait paiement de ce qui est dû. (Voir M. Machelard, textes de Droit romain sur *la possession, les hypothèques,* etc. 2ᵉ partie, § 2, pag. 152 et suiv.) Cette hypothèque avait, à côté de la séparation des patrimoines, son utilité particulière; elle conférait aux légataires un droit de suite contre les tiers détenteurs de la chose hypothéquée, tandis que nous savons qu'en cas de séparation des patrimoines, on respectait les aliénations que l'héritier avait pu faire des biens héréditaires. Les formalités pour aboutir, à défaut de paiement, à la vente de la chose hypothéquée, différaient aussi de celles qu'il fallait suivre, et dont nous avons précédemment indiqué sommairement les détails, dans le cas d'exécution forcée contre le débiteur au moyen de la vente de l'ensemble de ses biens, dont nous avons vu que la séparation des patrimoines n'était qu'un incident. (Voir Instit. lib. II, tit. 8, quib. alien. lic, § 1, Paul, sent. II, 5, § 1, Constit. Justinian. Lib. VIII, tit. 34, de Jur. domin. imperr. C. loi 3, § 1.) Les légataires auraient intérêt à invoquer le bénéfice de séparation, dans l'hypothèse, par exemple, où les biens de l'héritier se trouvant frappés d'une hypothèque générale antérieure, et ces biens ne suffisant pas à l'entière satisfaction des droits garantis par cette hypothèque, il y aurait lieu, pour eux, soit d'éviter le concours des créanciers de l'héritier ayant l'hypothèque générale, soit de se soustraire à l'application de la règle : *prior tempore, potior jure,* suivant la décision que l'on adopte sur la manière de régler, quant aux biens postérieurement acquis par le débiteur, les droits respectifs des créanciers ayant chacun une hypothèque générale, mais à partir de dates différentes. (M. Machelard, textes, 2ᵉ partie, § 1ᵉʳ, pag. 125—138). La séparation des patrimoines a pour ré-

Mais la séparation ayant pour objet de remettre les choses dans l'état où elles se trouveraient sans la confusion qui s'est opérée par l'adition d'hérédité entre les deux patri. moines du défunt et de l'héritier, il s'ensuit évidemment que les légataires, lorsqu'ils se trouvent en concours avec des créanciers héréditaires proprement dits, ne peuvent exiger et recevoir le paiement de ce qui leur a été légué qu'après que tous les créanciers ont été désintéressés (1), soit qu'ils aient, soit qu'ils n'aient pas réclamé le bénéfice de séparation, car, apparemment, le défunt n'a pas pu, en faisant des libéralités, porter préjudice à ses créanciers, et les legs ne doivent être acquittés qu'après déduction du montant des dettes et leur remboursement intégral (2). Si donc l'actif de la succession est supérieur à son passif, l'excédant appartient aux légataires, qui doivent subir en outre sur cet actif net de l'hérédité la réduction d'un quart attribué à l'héritier institué par la *loi Falcidie* (3), qui eut pour but d'empêcher la caducité des testaments, en intéressant l'héritier à faire adition, même lorsque la succession se trouvait absorbée par les legs faits par le défunt; et dont les dispositions, en s'étendant peu à peu, furent appliquées aux fidéicommis par le sénatus-consulte Pégasien (4).

sultat, en effet, de faire passer ceux qui l'obtiennent sur les biens héréditaires, avant tous autres créanciers ayant hypothèque sur ces mêmes biens du chef de l'héritier. (Loi 1, § 3, Dig. de separat.)

(1) Dig. de separat. loi 6, princip. Julian; loi 4, § 1, Papin. — Pothier, Pandect. de separat. artic. II, XI. note. Cujas, lib. XLVI, Dig. Salv. Juliani, *recital. solemn.* ad l. penult. de separat.

(2) Voir Cujas, in lib. XII, respons. Papin, ad. l. IV de separat. p. 1347.

(3) Code, lib. VI, tit. L. ad leg. falcid. l. 16; imp. Dioclet. et maxim. tit. XXXVII, de legatis; loi 15, id. — Instit. lib. II, tit. 22 de lege falc. § 3.

(4) Instit. lib. II, tit. 23, § 5, de fideicomm. heredit. Gaius, comm. II, § 254 et 256.

Les légataires institués par le défunt, au lieu de l'être purement et simplement, peuvent l'être à terme ou sous condition; bien qu'alors, par suite de la modalité qui y est apposée, ils ne puissent point réclamer immédiatement la délivrance du legs qui leur a été fait (1), ou bien encore si, quoique le legs soit pur et simple, la prestation s'en trouve momentanément retardée par les lenteurs d'un procès avec l'héritier (2), ou par toute autre cause, ils peuvent néanmoins, d'après l'édit du préteur, pour la garantie de leurs droits et afin d'assurer l'exécution des volontés du testateur, exiger en attendant que l'héritier leur fournisse une caution pour la conservation de leurs legs (3). A défaut de cette caution, et dans le but de vaincre le refus de l'héritier et de le déterminer à la fournir, les légataires peuvent être envoyés en possession des biens qui composent la succession (4). Cet envoi, sans attribuer aux envoyés aucun droit véritable de possession civile, et sans dépouiller

(1) Voir Pothier, *Pandect*, lib. XXXVI, tit. 3, ut legat. seu fideicomm. 1. — Dig. loi 5, § 2, Papin., eod. tit. — Lorsque la condition apposée au legs est négative, et que l'incertitude peut durer jusqu'à la mort du légataire, celui-ci, afin de profiter du legs qui lui a été fait, peut s'en faire mettre en possession immédiatement, mais en fournissant à l'héritier la caution *mucienne*, afin de lui assurer la restitution du legs, dans le cas où il viendrait à contrevenir à la condition imposée par le testateur. Dig. lib. XXXV, tit. 1, loi 7, Ulp.

(2) Dig. ut Legat. causa caveat. Loi 14, Ulp. — Loi 15, Princip., Paul.

(3) Dig. lib. XXXVI, tit. 3, ut Legatorum Seu fideicommis servandorum causa caveatur, loi 1, Ulp. — Code lib. VI, tit. 54.

(4) Dig. Quib. ex caus, in possess. eat., loi 1, Ulp. — Lib. XXXVI, tit. 4, Ut in possessionem legatorum vel fideicommissorum servandorum causa esse liceat. — L'envoi en possession accordé aux légataires ne comprend que les biens qui composent la succession (Hoc tit., loi 5, § 5, Ulp.), et non pas ceux de l'héritier lui-même (loi 10, Paul), à moins cependant que l'on ne se trouve dans certains cas prévus par une constitution d'Antonin. (Loi 5, § 16, et loi 6, Code, lib. VI, tit. 54, Ut in possess. legat. imp. Alex.)

l'héritier de la propriété qui lui appartient, constitue, à côté de lui, au profit des légataires, une sorte de gage prétorien, et leur donne seulement en fait la surveillance et la garde des biens héréditaires (1). Quelquefois même ils peuvent, s'il y a urgence, être autorisés à faire procéder à leur vente, de telle sorte que le prix en provenant leur servira de gage tant que leur droit restera en suspens, par exemple si les fruits produits par les biens héréditaires ne peuvent se conserver, et si leur nature exige qu'ils soient instantanément vendus, ou bien encore s'il y a des choses que le temps doit détériorer (2). La vente des mêmes biens pourrait aussi être permise s'il s'agissait de fournir des aliments à la fille ou à la petite-fille, ou bien à la veuve du défunt, qui ont été envoyées en possession pour la sûreté des legs qu'ils leur ont faits, et qui n'ont d'ailleurs par elles-mêmes aucun moyen d'existence (3).

En cas de résistance de la part de l'héritier, les légataires envoyés en possession peuvent s'y faire mettre par le secours de la force publique, et le préteur protége le gage qu'il leur accorde au moyen d'un interdit ou d'une action *in factum*, jusqu'à ce que, par l'événement du terme ou de la condition, ils puissent exiger, même par la voie d'exécution forcée, s'il en est besoin, le paiement de ce qui leur a été légué (4); enfin, si l'héritier est in-

---

(1) Code, loi 5, lib. VI, tit. 54, Imp. Alexand. — Loi 5, Princip. Dig. Ut in poss. legat. Ulp.

(2) Loi 5, § 22, Dig. Ut in poss. leg. Ulp. — Loi 27, Dig. De rebus auct. jud. possidend., lib. XLII, tit. 5, Ulp.

(3) Dig. lib. XXXVI, tit. 4, Ut in possess. légat., loi 14, Labeo.

(4) Dig. 30, 4, Ut in poss. legat., loi 5, § 27, Ulp., loi 6, § 1, Julian. — Lib. XLIII, tit. 4, Ne vis fiat ei qui in possess. missus erit. — Loi 3, Princip.

solvable, ils ont le droit, comme les créanciers à terme ou conditionnels, d'invoquer le bénéfice de séparation des patrimoines (1).

Il nous reste maintenant à examiner avec les textes quelques hypothèses particulières qu'ils prévoient.

Lorsqu'une personne se trouve hériter de son débiteur, l'obligation et la créance s'éteignent par la confusion que l'adition d'hérédité produit entre les deux pa-

Ulp. cod. tit. — Code, loi 5, Imp. Alexand., lib. VI, tit. 54. *Ut autem...* Voir Cujas, in lib. XII, Respons., Papin, ad l. 4, de Separat.

(1) On voit que si les légataires à terme ou conditionnels, et les créanciers aussi à terme ou sous condition, sont assimilés entre eux au point de vue de la faculté de réclamer le bénéfice de séparation des patrimoines en cas d'insolvabilité de l'héritier, il existe cependant entre eux des différences quant à l'envoi en possession qu'ils peuvent obtenir et à son efficacité. Il en existe aussi à l'égard de la nature même de leurs droits. Lorsqu'on stipule, même conditionnellement, on a apparemment en vue de s'attribuer personnellement le bénéfice de la stipulation; et si l'on vient à mourir, on est censé avoir voulu le reporter sur la tête de son héritier. La condition une fois accomplie rétroagit dans les contrats au jour de leur formation. (Dig. *De divers. regul. jur. ant.*, lib. L, tit. 17, loi 144, § 1, Paul. — *Qui potiores in pignor.*, lib. XX, tit. 4, loi 11, § 1, in fine Gai.); et bien que, tant que les choses restent en suspens, le stipulant n'ait qu'une espérance, cependant il transmet cette espérance, son droit éventuel, à ses héritiers (Instit., lib. III, tit. 15, § 4, *De verbor. obligat.*) : il y a donc là une chance de plus pour que l'obligation reçoive son exécution; et c'est pour cela, ainsi que nous l'avons vu plus haut, que l'on reconnaît aux créanciers conditionnels la qualité de créanciers et par conséquent la faculté de réclamer le bénéfice de séparation des patrimoines. En matière de legs, au contraire, le testateur s'est proposé seulement de gratifier de sa libéralité le légataire lui-même qu'il a institué, et non ses héritiers, qu'il ne connaissait pas; si le legs fait au légataire est conditionnel, son droit ne se fixe qu'à l'événement de la condition (Dig. *Quando dies legat.*, lib. XXXVI, tit. 2, loi 5, § 2, Ulp., et loi 21, Princip. Paul); et s'il vient à mourir dans l'intervalle, il ne transmet par suite aucun droit, aucune espérance à ses héritiers (loi 5, Princip. Ulp. cod. tit.), ce qui fait que jusqu'à ce que l'incertitude ait cessé, on ne saurait accorder aux légataires conditionnels, comme aux créanciers conditionnels, la qualité de créanciers (Dig. lib. XLIV, tit. 7, loi 42, Ulp. *De obligat. et action.*). Il importait néanmoins d'assurer dans l'avenir la conservation de leurs droits éventuels, et c'est dans ce but que le préteur a créé en leur faveur les protections et les garanties que nous avons énumérées. (Voir Pothier, Pandect. Justin., lib. XLII, t. 4, *Quibus ex caus. in poss. eat.*, art. 1, note 5.)

trimoines du défunt et de l'héritier (1). Mais si c'est seulement pour partie qu'elle a hérité du défunt, elle conserve le droit, si ses cohéritiers sont insolvables, de réclamer le bénéfice de séparation des patrimoines, pour obtenir paiement sur le prix des biens héréditaires de la portion de sa créance qui n'est point éteinte par confusion (2).

Personne ne pouvant être à la fois débiteur et son propre garant, il s'ensuit que l'obligation du fidéjusseur qui avait cautionné la dette cesse d'exister, lorsque les deux qualités de fidéjusseur et de débiteur se trouvent réunies sur la même tête, parce que le premier a succédé au second ou réciproquement : l'obligation principale, celle du débiteur, survit seule alors à la confusion opérée par l'adition entre les deux patrimoines, tandis que l'obligation accessoire, celle du fidéjusseur, disparaît, à moins qu'elle ne servît à cautionner une dette purement naturelle (3). Ces principes posés, Papinien se place dans l'hypothèse suivante (4) : Le débiteur principal est devenu l'héritier du fidéjusseur, et se trouve en état d'insolvabilité. Le créancier vis-à-vis duquel le défunt s'était obligé à titre de fidéjusseur, conserve-t-il encore le droit de demander la séparation des patrimoines ? En exigeant que le débiteur lui fournisse une caution, il a pris à son égard toutes ses diligences, et il serait inique

(1) Loi 75, Dig. de Solut. et liberation., lib. XLVI, tit. 3, Modest.

(2) Cod. lib. VII, tit. 72, de Bonis auct. Jud., loi 7, Impp. Dioclet. et Maxim.

(3) Voir Cujas, lib. XXVII, Quæst., Papin., ad l. 3, de Separat. — Loi 5, Dig. lib. XLVI, tit. 1, de Fidejuss., Ulp. — Instit. § 1, eod. tit., lib. III, tit. 20.

(4) Loi 3, Dig. de Separat.

de faire tourner contre lui cette circonstance que l'obligation principale et l'obligation accessoire se sont réunies dans les mêmes mains et confondues ensemble; qu'il soit seul, ou qu'il soit en concours avec d'autres créanciers, il faut donc décider qu'il peut, en qualité de créancier du fidéjusseur, obtenir que les biens de ce dernier soient séparés d'avec ceux du débiteur qu'il avait cautionné. La séparation, en faisant revivre en quelque sorte la personne du défunt qui s'était porté fidéjusseur, et en permettant ainsi au créancier dont nous nous occupons, d'être payé sur le prix provenant de la vente de ses biens préférablement aux autres créanciers de l'héritier, ne fait que produire dans notre espèce le résultat ordinaire en vue duquel le préteur l'a instituée, et qui est de remédier, en faveur des créanciers héréditaires, aux effets désastreux de la confusion des patrimoines opérée par l'adition. Le texte ajoute (1) que si le créancier, après avoir obtenu la séparation des biens du défunt qui avait cautionné vis-à-vis de lui la dette de l'héritier, n'est pas intégralement payé sur le prix de ces biens, il pourra concourir avec les autres créanciers de l'héritier sur ses biens personnels pour ce qui lui reste dû; et la raison qui en est donnée, c'est que si le débiteur principal n'avait pas fait adition de l'hérédité du fidéjusseur, le créancier qui n'aurait pas été complétement désintéressé par le prix de vente des biens de ce dernier, aurait pu recourir ensuite contre le débiteur, son principal obligé, et venir sur ses propres biens en concurrence avec ses autres créanciers (2).

(1) Loi 3, Dig. de Separat., § 1.
(2) Voir Cujas in lib. xxvii, quaest Papin. ad l. 3 de separat § quid ergo.

A moins de convention contraire, on pouvait, à son choix, actionner le débiteur principal ou poursuivre directement la caution (1) (cette liberté fut plus tard enlevée par Justinien au créancier qui, avant de s'en prendre au fidéjusseur et si celui-ci l'exigeait, dut d'abord attaquer le débiteur) (2); mais une fois ce choix fait, *lite contestatâ*, l'action dirigée contre l'un des obligés libérait l'autre (3). Pour admettre, dans notre hypothèse, que le créancier qui n'a pas obtenu entière satisfaction sur le prix de vente des biens du fidéjusseur peut s'adresser ensuite au débiteur, on peut supposer, par exemple, sans qu'il y ait eu d'action donnée au créancier contre le fidéjusseur, que les biens de ce dernier ont été vendus, soit parce qu'il se cachait frauduleusement (4), ce qui était un cas d'envoi en possession, seul moyen de procédure par défaut usité chez les Romains, soit aussi parce qu'à sa mort personne ne s'était porté son héritier (5), ou bien encor   ce qu'il y avait eu reconnaissance et aveu de l'oblig   or., ce qui dispensait le préteur de renvoyer les parties devant le juge, parce qu'aucune contestation n'était soulevée, et de délivrer au créancier une formule d'action qui eût épuisé son droit ultérieur d'agir (6). La règle d'après laquelle l'action donnée

(1) Loi 5. Cod de fidejuss. et mandat. Lib. VIII, tit. 41. Anton.
(2) Novelle 4, an 539 de J.-C.
(3) Sentent. Paul. Lib. II, tit. 17, § 10.
(4) Dig. Lib. XLII, tit. IV, quibus ex causis in poss. — Loi 7. Ulp. — Gaī. comm. III, § 78.
(5) Loi 5. C. de rebus auctorit. Jud. Lib. VII, tit. 72. Dioclet. et Maxim. — Gai. loc. cit. — Comm. II, § 167.
(6) Dig. Lib. XLII. tit. 2 de confessis, loi 1. Paul, *confessus pro Judicato est, qui quodammodo sua sententia damnatur.* — « Si qui debitum quocumque modo confessus docetur, ex ea re creditori actio non datur, sed ad solutionem compellitur. » Sentences de Paul, livre 2, tit. 1, § 5.

contre la caution libérait le débiteur ou réciproquement, fut au surplus modifiée par la législation impériale, qui décida que le créancier pourrait poursuivre tour à tour le débiteur principal et le fidéjusseur, jusqu'à ce qu'il ait complètement obtenu le remboursement de sa créance (1).

Les créanciers héréditaires conservent le droit de demander la séparation des patrimoines, soit que l'héritier ait recueilli immédiatement la succession au moyen d'une institution directe, soit qu'il l'ait recueillie médiatement au moyen d'une substitution pupillaire (2). Le père de famille pouvait, en faisant son testament, faire en même temps celui de son fils impubère se trouvant en sa puissance, et désigner son héritier pour le cas où il viendrait à mourir avant d'avoir atteint l'âge de la puberté : c'est ce que l'on désignait sous le nom de *substitution pupillaire* (3). Dans ce cas, après que le fils est devenu héritier du père, et qu'étant mort dans l'état d'impuberté, le substitué a fait adition de son hérédité, si celui-ci se trouve insolvable et est exproprié de ses biens, la faculté de demander la séparation des patrimoines appartient aux créanciers héréditaires, c'est-à-dire à ceux du fils et à ceux du père : ces derniers peuvent en outre obtenir que les biens du père soient aussi séparés à leur profit, afin de leur servir exclusivement de gage, car à leur égard les créanciers du fils sont des créanciers personnels de l'héritier.

De même encore, si successivement Secundus est de-

(1) Code de fidéjuss. et mandat. Loi 28. Justin.
(2) Loi 1, § 7. Dig. de separat. Ulp.
(3) Instit. Lib. ii, tit. 16 de pupill. substit. princip.

venu héritier de Primus et Tertius est devenu héritier
de Secundus, dans le cas de vente des biens de Tertius,
les créanciers de Primus peuvent demander la séparation des patrimoines, afin d'empêcher les créanciers de
Secundus et ceux de Tertius de concourir avec eux sur
le prix des biens qui lui ont appartenu; quant aux
créanciers de Secundus, ils ont le même bénéfice vis-à-
vis des créanciers personnels de Tertius (1).

§ IV.

CONTRE QUI LA SÉPARATION DES PATRIMOINES EST OBTENUE.

L'expropriation forcée d'un débiteur, emportant succession de l'universalité de ses biens (2), le frappe d'igno-
minie et le note d'infamie (3). Mettre en doute, à tort,
la solvabilité d'une personne, c'est à coup sûr lui faire
une injure dont elle a le droit d'exiger la réparation (4).
En instituant le bénéfice de séparation des patrimoines,
le préteur s'est proposé de venir au secours des créanciers héréditaires, en sauvegardant à leur profit les biens
du défunt qui étaient affectés à la sûreté de leurs droits
et en empêchant les créanciers personnels de l'héritier
qui est insolvable de concourir avec eux sur le prix de
ces mêmes biens, de telle manière qu'ils ne perdent rien
si l'actif de la succession est égal à son passif ou qu'ils
perdent moins s'il lui est inférieur (5). En conséquence,

(1) Loi 1, § 8. Dig. de separat. Ulp.
(2) Instit. Lib. III, tit 12 de success. sublat. princip.
(3) Gaius comm. II, § 154. Instit. Lib. 1, tit. 6, qui et ex quibus caus. § 1.
— Paraphrase de Théophile hoc tit.
(4) Dig. lib II, tit. 8 qui satisd. cogant. Loi 5, § 1. Gai. — Lib. XLII, tit. 5
de reb auct. Jud. Loi 31, § 5. Ulp. — Lib. XLVII, tit. 10 de injur. Loi 10. Gai.,
loi 13, § 3. Ulp.
(5) Dig. de separat. Loi 1; § 1. Ulp.

les biens de l'héritier et ceux du défunt sont vendus comme deux patrimoines séparés, pour le produit en être respectivement attribué aux créanciers du premier d'une part et à ceux du second d'autre part. Mais est-ce seulement pour aboutir à cette double vente des deux patrimoines ainsi divisés, pour faire exclusivement servir les biens du défunt à désintéresser ses créanciers et pour écarter à leur égard le concours des créanciers personnels de l'héritier, que la séparation est établie ? En un mot, n'est-ce que contre les créanciers de l'héritier ou bien contre l'héritier lui-même qu'elle est accordée, de telle sorte qu'indépendamment de l'injure qui lui a été faite s'il est réellement solvable, tous rapports soient désormais rompus entre lui et les créanciers du défunt et que ceux-ci aient cessé de l'avoir pour débiteur ? C'est ce que nous étudierons en examinant les effets du bénéfice de séparation des patrimoines.

§ V.

DES EFFETS DE LA SÉPARATION DES PATRIMOINES.

La séparation des patrimoines a pour but de faire cesser, à l'égard des créanciers héréditaires, la confusion qui s'était opérée, d'après le droit civil, par l'adition, entre les deux patrimoines du défunt et de l'héritier ; elle trace entre les créanciers du premier et ceux du second une ligne de démarcation, et fait attribuer à chacune de ces deux classes de créanciers, pour les remplir de leurs droits, une masse de biens distincte ; elle rétablit les choses dans l'état où elles se trouvaient avant la mort du débiteur ; ses créanciers sont envoyés en possession de ses biens; ceux-ci sont vendus; tout se passe comme s'il existait encore (1). Chacun reprend la position qu'il avait alors. Si le défunt avait consenti des hypothèques au profit de quelques-uns de ses créanciers, soit qu'ils demandent, soit qu'ils ne demandent pas la séparation de son patrimoine, ils conservent le droit d'être payés par préférence sur le prix des biens affectés à leur sûreté. Ils peuvent avoir intérêt, en cas d'insolvabilité de l'héritier, à réclamer eux-mêmes le bénéfice de séparation, lorsque leur hypothèque est insuffisante pour garantir leur complet paiement et leur faire avoir entière satisfaction, afin de concourir avec les autres créanciers chirographaires du défunt (qui est mort solvable, ou du moins n'était pas aussi obéré que l'héritier l'est lui-même), sur le produit de la vente de son patrimoine séparé (2). Nous savons déjà que les créanciers héréditaires peuvent suivre chacun le parti qu'il leur convient de prendre, qu'ils sont libres ou d'accepter l'héritier pour débiteur, ou bien, — craignant que cette acceptation ne leur porte préjudice en laissant se confondre avec le patrimoine de l'héritier, dont l'actif est de beaucoup inférieur au passif, les biens qui composent la succession qu'il a recueillie, — d'obtenir du préteur que ces biens soient séparés, pour que le prix leur en soit exclusivement attribué sans concours de la part des créanciers personnels de l'héritier; en un mot, la séparation ne produit ses effets qu'à l'égard de ceux-là seuls qui l'ont demandée (3). Mais, dans cette hypothèse,

(1) Loi 1, § 1. Dig. de separat. Ulp.
(2) Voet, ad Pandect. de separat. 2.
(3) Loi 1, § 10. Dig. de separat.

les choses doivent encore se passer, les droits respectifs
des divers créanciers du défunt doivent se régler absolument comme s'il s'agissait de l'exproprier lui-même,
sans tenir compte de la confusion des patrimoines opérée
par l'adition d'hérédité. Ainsi, à supposer que le défunt
ait laissé un actif de moitié inférieur à son passif, et deux
créanciers, chacun pour une somme égale, dont l'un
seulement demande la séparation des patrimoines, ils
n'eussent touché qu'un dividende proportionnel à leurs
droits, dans l'espèce un dividende égal, et n'eussent été
payés l'un et l'autre, s'il n'y avait pas eu d'adition, que
de la moitié du montant de leurs créances; leurs droits
sont égaux: l'un ne peut pas nuire à l'autre, quelle
que soit la décision que celui-ci prenne, et s'enrichir
à ses dépens : par conséquent, celui qui a demandé la séparation des patrimoines, parce qu'il redoutait de perdre
davantage en acceptant pour débiteur l'héritier qui se
trouvait en état d'insolvabilité plus grande que le défunt
lui-même, ne peut prendre sur les biens de celui-ci que
la moitié qui lui revient; l'autre moitié reste mêlée aux
biens propres de l'héritier, pour servir à désintéresser en
même temps le créancier héréditaire qui a voulu suivre
sa foi, ainsi que ses autres créanciers personnels (1).

Ce n'est que lorsque les biens dont la succession se
compose ont une valeur supérieure au montant total des
dettes dont elle est grevée, que les légataires institués par
le défunt peuvent être admis à profiter du bénéfice de séparation des patrimoines, et obtenir ainsi, selon les cas,
le paiement intégral ou partiel des legs qui leur ont été

(1) Voët, loc. citat, n° 3.

faits (1). Si l'on peut, en effet, les considérer dans leurs rapports avec l'héritier et ses propres créanciers, comme étant des créanciers héréditaires (2), parce que, bien que le défunt ne leur ait jamais rien dû personnellement, les legs qu'il leur a faits sont de véritables charges de la succession, imposées à l'héritier par la volonté du testateur (3), — on ne saurait plus en dire autant vis-à-vis des créanciers du défunt lui-même; ses libéralités testamentaires ne peuvent pas leur nuire, et les legs ne doivent être payés qu'après déduction faite des dettes, qui sont *aes alienum*, l'argent d'autrui dont le débiteur n'a pas le droit de disposer (4).

Enfin, si le patrimoine du défunt est plus que suffisant pour satisfaire au paiement de ses créanciers et des légataires qu'il a institués, le secours que le préteur a organisé en leur faveur, au moyen de la séparation, contre l'insolvabilité de l'héritier, n'a plus de raison d'être, puisqu'ils n'y ont plus d'intérêt ; on rentre alors dans l'application des principes du droit civil et l'adition d'hérédité reprend ses effets; l'excédant des biens du défunt demeure en la propriété de l'héritier, et, en retombant dans son patrimoine, doit servir à désintéresser ses propres créanciers, ce qui est juste et complétement hors de doute, puisqu'ils n'ont fait que souffrir la séparation des biens héréditaires sans la demander eux-mêmes (5).

(1) Loi 6 princip! Dig. de separat. Julian.

(2) Loi 40. Dig. Lib. xliv, tit. 7 de obligat. et act. Paul.

(3) Voir Cujas. Lib. xlvi Digest. Salvii Jullani, recitat. solemn. Ad L. Penult de separat.

(4) Dig. Lib. xxxvi, tit. I ad senat. Trebell. Loi 1, § 18. Ulp. — Instit. Lib. ii, tit. 22 ad leg. falcid. § 3.

(5) Dig. de separat. Loi 1, § 17 Ulp.; loi 3, § 2, in fine Papin.

En demandant la séparation des patrimoines, les créanciers du défunt se font exclusivement attribuer la masse de ses biens qui sont vendus en quelque sorte comme s'il vivait encore ; redoutant l'insolvabilité de l'héritier, ils refusent de l'accepter pour débiteur ; ils se retirent de sa personne et de ses biens (1). Cependant, il peut se faire que le prix de la vente du patrimoine héréditaire ne suffise pas pour les désintéresser complétement et qu'il ne leur donne qu'un dividende proportionnel au montant de leurs créances : conservent-ils alors le droit de recourir ensuite contre l'héritier dont ils se sont, il est vrai, séparés au moyen d'un secours imaginé par le droit prétorien, mais qui n'en reste pas moins, d'après les règles du droit civil, l'héritier du défunt ? Si la demande en séparation des patrimoines n'était autre chose qu'un privilége établi par le préteur au profit de ceux auxquels il l'accorde, la conséquence rigoureuse qui en découlerait serait que les créanciers du défunt qui n'auraient pas obtenu entière satisfaction sur le prix de ses biens, pourraient venir concourir sur le patrimoine de l'héritier avec les créanciers personnels de celui-ci, ce qui n'est en aucune façon la doctrine romaine, malgré ses divergences et les doutes qu'elle peut soulever sur la question que nous examinons. Mais le but de la demande en séparation est de faire cesser la confusion des deux patrimoines du défunt et de l'héritier, et de faire considérer comme non-avenue, à l'égard de ceux qui l'obtiennent,

---

(1) Loi 1, § 1 Dig. de separat. Ulp. — « Cùm enim separationem petierunt, recesserunt a persona heredis, et bona secuti sunt, et quasi defuncti bona vendiderunt. » Loi 5. Paul.

l'adition d'hérédité. Se méfiant de l'héritier et de sa propre fortune, les créanciers héréditaires qui la réclament se retirent de l'un et de l'autre, écartent du patrimoine qui a appartenu au défunt les créanciers personnels de l'héritier, et les condamnent à se contenter des biens de ce dernier. On ne pouvait sans doute les forcer à accepter pour débiteur une personne qu'ils n'ont ni choisie ni connue; et c'est pour cela que le préteur a institué en leur faveur cet immense avantage de la séparation qui vient renverser les principes du droit civil et détruire leurs conséquences. Mais une fois la détermination des créanciers héréditaires prise, comment serait-il possible de les admettre à élever encore des prétentions sur des biens qu'ils ont suspectés et méprisés? Après avoir porté atteinte au crédit de l'héritier, et terni sa réputation en le traitant comme un homme insolvable, après avoir sollicité un décret du préteur pour obtenir la séparation des patrimoines, saurait-on leur permettre de regretter ce qu'ils ont fait et de revenir sur la décision du magistrat? Qu'ils s'imputent donc à eux-mêmes de ne s'être point suffisamment renseignés sur l'état de solvabilité de l'héritier, sur la valeur des biens dont la succession se composait; et qu'ils supportent les conséquences de la facilité avec laquelle ils ont demandé la séparation, de la légèreté avec laquelle ils ont agi (1).

Plusieurs hypothèses peuvent se présenter. Ainsi il peut se faire que, tandis que les créanciers héréditaires n'obtiennent qu'un paiement partiel sur le prix du patrimoine du défunt qu'ils ont fait séparer, l'héritier se trou-

(1) Loi 1, § 17, Dig. de Separat. Ulp.

vant parfaitement solvable, ses créanciers soient complétement désintéressés par la vente de ses biens, et qu'il
lui en reste encore quelque chose après leur entier paiement : dans ce cas, les créanciers héréditaires doivent
conserver la position qu'ils ont eux-mêmes volontairement prise, et n'ont plus le droit de rien réclamer au
défunt (1). Il peut se faire encore qu'après la vente séparée des biens, l'héritier fasse de nouvelles acquisitions : si les biens qui lui arrivent ainsi plus tard proviennent *ex hereditate*, se rattachent au patrimoine qui
a appartenu au défunt, n'en sont que des produits ou s'y
trouvaient en germe, ils doivent servir à désintéresser
les créanciers héréditaires, s'il leur est encore dû quelque chose; et, une fois qu'ils sont entièrement payés, le
surplus reste à l'héritier, ou est attribué à ses créanciers
quand ils n'ont obtenu aussi de leur côté qu'un paiement
partiel (2). Si les acquisitions ultérieures faites par l'héritier proviennent de toute autre cause, les créanciers
héréditaires ne sauraient être admis à y prétendre aucun
droit, car le patrimoine du défunt, qu'ils ont fait vendre
séparément à leur profit, et qui s'est trouvé insuffisant
pour les désintéresser, n'est plus susceptible de recevoir
des augmentations, tandis que les créanciers de l'héritier
le conservent personnellement pour obligé, et ont pour
gage les biens qu'il peut acquérir jusqu'à ce qu'ils
soient payés de tout ce qui leur est dû (3).

Telle est la doctrine formellement enseignée par Paul
et Ulpien, qui, raisonnant en pur droit et faisant produire

(1) Loi 1, § 17; — loi 5, Paul; Dig. de Separat.
(2) Loi 5, Dig. de Separat. Paul. *Sed si post impetratam...*
(3) Idem. *At si alia causa...*

à la demande en séparation des patrimoines ses conséquences logiques et ses effets rigoureux, refusent d'admettre tout recours de la part des créanciers héréditaires contre l'héritier. Il faut cependant apporter un
tempérament à ce que cette règle peut avoir d'inflexible
et de trop absolu; et si c'est par une erreur inévitable
que les créanciers du défunt ont demandé la séparation
des patrimoines, on pourra leur accorder le pardon de la
faute qu'ils ont commise, les restituer contre la détermination qu'ils ont prise, et leur permettre de se retourner
ensuite contre l'héritier, dans l'hypothèse où il lui reste
encore quelque chose après que ses propres créanciers
ont été complétement désintéressés (1).

Papinien n'admet point cette solution, et pense au
contraire que les créanciers héréditaires qui ont demandé la séparation, et qui n'ont pas reçu un paiement
intégral, peuvent revenir sur les biens personnels de
l'héritier, pour obtenir ce qui leur est encore dû, pourvu
toutefois que ses créanciers n'aient plus rien à lui réclamer eux-mêmes (2).

Il est inutile de rappeler ici les diverses tentatives
qui ont été faites pour mettre en harmonie les décisions
de Paul et Ulpien avec celle de Papinien (3) ; les termes
mêmes dont se sert Paul : « Quidam putant, mihi autem non videtur (4), » montrent bien clairement qu'il y
avait en réalité sur ce point divergence entre les juris-

(1) Loi 1, § 17, In fine, Dig. de Separat. Ulp.
(2) Loi 3, § 2, eod. tit.
(3) Voir Bartolle, super Dig. nov. de Separat. Loi *Si creditores*. — Gloss.
magn. Dig. nov. de Separat., lib. XLII, tit. 6, notes.
(4) Loi 5, Dig. eod. tit.

consultes; la contradiction n'est point au surplus aussi
prononcée qu'elle peut le paraître : Paul et Ulpien se
placent au point de vue de l'application stricte du droit;
Papinien se place à un autre point de vue : « Probari
commodius est, » dit-il; et c'est une solution d'équité
qu'il propose (1).

§ VI.

DE LA CRÉATION PAR JUSTINIEN DU BÉNÉFICE D'INVENTAIRE.

Nous venons d'étudier comment, au moyen de la séparation des patrimoines, les créanciers d'une personne
peuvent, lorsque leur débiteur vient à mourir, se garantir contre l'insolvabilité de son héritier, en écartant le
concours de ses propres créanciers et en se faisant exclusivement payer sur les biens qui appartenaient au défunt et qui leur servent de gage. Nous avons vu aussi,
en énumérant les cas dans lesquels la séparation avait
lieu, en droit romain, qu'entre autres applications, elle
était accordée par le préteur à l'esclave héritier nécessaire, forcé, bon gré mal gré, d'accepter la succession
du maître insolvable qui l'avait institué pour que la
vente de ses biens n'eût pas lieu sous son propre nom, et
qu'elle lui permettait, lorsqu'il n'avait pas touché aux
biens de l'hérédité, de soustraire aux poursuites des
créanciers du défunt les biens qu'il pouvait acquérir

(1) Lol 3, § 2, Dig. de Separat. — Voir Doneau, de Jure civil. comment.,
lib. XXIII, cap. XVI-12. — Cujas, in lib. XIII, Quaest. Paul. ad l. 5, de
Separat.. Quaest. Papin, lio. XXVII, ad l. 3, eód. tit. § sed in quolibet.—Code
lib. I, tit. 17, de Veter. jur. enucl., loi 1, § 6, Justin.

personnellement dans la suite (1). A l'égard des enfants, héritiers *siens et nécessaires*, forcés aussi, bon gré mal gré, de devenir les héritiers de leur auteur et de leur chef de famille, soit qu'il soit mort *ab intestat*, soit qu'il les ait institués par son testament, le droit prétorien avait établi le bénéfice d'*abstention*, au moyen duquel, en prenant soin de ne pas s'immiscer dans la succession, ils pouvaient ne pas être soumis aux actions des créanciers héréditaires (2). Quant aux autres héritiers institués par le défunt, ils étaient libres soit de répudier l'hérédité, soit d'en faire adition (3). Ce dernier parti entraînait pour eux l'obligation de payer les dettes du testateur, même lorsqu'elles dépassaient l'actif de la succession (4). On était venu cependant à leur secours au moyen de quelques mesures particulières (5); et enfin Justinien créa en leur faveur le *bénéfice d'inventaire*, par lequel l'héritier qui doute de la solvabilité du défunt peut désormais accepter sans danger sa succession : par la confection d'un inventaire, dressé dans un certain délai, par un officier public, en présence des tiers intéressés, il lui est permis de n'être plus tenu de payer les créanciers et les légataires que jusqu'à concurrence de la valeur des biens dont la succession se compose; il conserve contre l'hérédité les actions qu'il avait contre le défunt, et réciproquement; et empêche la confusion

(1) Instit. lib. II, tit. 19, de Hered. qualit. et diff., § 1. — Loi 1, § 18, Dig. de Separat. Ulp.

(2) Instit. loc. citat., § 2.

(3) Id. § 5.

(4) Dig. lib. XXIX, tit. 2, de Adquir. vel omitt. hered., loi 8, Ulp. — Lib. XLII, tit. 4, Quib. ex caus. in poss., loi 4, Paul.

(5) Instit. loc. citat., § 6.

de s'opérer entre le patrimoine de celui-ci et le sien propre (1).

Quelques interprètes avaient pensé qu'à partir de la création du bénéfice d'inventaire, le bénéfice de séparation des patrimoines introduit par le droit prétorien avait dû disparaître. Son utilité et son application restent cependant encore bien évidentes. Le bénéfice d'inventaire a pour but de protéger l'héritier, et partant, ses propres créanciers contre l'insolvabilité de la succession; le bénéfice de séparation a pour but au contraire de protéger les créanciers de la succession contre l'insolvabilité de l'héritier. La confection d'un inventaire empêche bien la confusion des deux patrimoines du défunt et de l'héritier; elle dispense bien ce dernier d'être tenu des dettes et des charges qui grèvent l'hérédité, *ultra vires successionis;* elle affecte sans doute d'une manière distincte les deux patrimoines du défunt et de l'héritier au paiement de leurs créanciers respectifs; mais elle ne saurait assurer a x créanciers héréditaires le droit d'être exclusivement payés sur le patrimoine du défunt; et si, de leur côté, ils redoutent l'insolvabilité de l'héritier, l'inventaire qu'il a dressé ne leur confère pas le pouvoir, qui résulterait pour eux de la séparation des patrimoines, d'écarter, sur la masse des biens provenant de leur débiteur primitif, le concours des créanciers personnels de l'héritier, et de faire vendre au profit d'eux seuls cette masse séparée; l'héritier bénéficiaire, en effet, ne cesse pas d'avoir acquis l'hérédité qui lui est échue; il reste héritier, et s'il vient à penser que la succession

(1) Cod. lib. VI, tit. 30, de Jur. deliber. § 22.—Nov. 1, chap. II, § 1.

n'est point onéreuse, ainsi qu'il l'avait cru d'abord, il peut renoncer à sa qualité de bénéficiaire, agir comme héritier pur et simple, disposer des biens héréditaires comme s'il n'avait fait aucun inventaire, et les employer au paiement de ses propres créanciers.

A l'inverse, s'il n'y a pas eu d'inventaire dressé, il est bien évident que les créanciers du défunt, qui craignent de perdre en laissant les biens de celui-ci se mêler avec ceux de l'héritier dont les créanciers viendraient concourir avec eux sur le prix de ces mêmes biens, ont intérêt à obtenir la séparation des deux patrimoines, pour empêcher les effets de la confusion civile résultant de l'adition d'hérédité; et qu'ils conservent encore le droit de la demander, tant qu'une confusion matérielle et complète ne l'a pas rendue impossible (1).

(1) Loi 1, § 12, Dig. de Separat. Ulp. — Anton. Fabri. de Error. Pragmat. Decad. II, error, 2.

CHAPITRE II

De la Séparation des Patrimoines dans l'ancienne Jurisprudence française.

A l'exemple de la législation romaine, notre ancienne jurisprudence avait songé à protéger les créanciers héréditaires contre l'insolvabilité de l'héritier de leur débiteur, en leur permettant d'être payés sur les biens qui avaient appartenu au défunt, préférablement aux créanciers personnels de l'héritier, et, à cet effet, elle avait recueilli l'institution de la séparation des patrimoines (1). « Ce droit est tiré de l'édit du préteur, et est fondé sur ce principe, pris dans la nature des choses, que des créanciers ne peuvent avoir plus de droit sur les biens de leur débiteur que leur débiteur n'en a lui-même ; d'où il suit que l'héritier n'ayant les biens de la succession qu'à la charge d'en acquitter les dettes, les legs et autres charges, les créanciers de cet héritier, ne pouvant avoir plus de droit sur ces biens que l'héritier leur débiteur, doivent souffrir que les dettes, les legs et les autres charges de ces biens soient acquittés sur ces biens, avant qu'ils puissent se venger dessus. C'est ce qu'opère la séparation des biens de la succes-

(1) La coutume de Hainaut seule s'était, à cet égard, écartée du droit romain et n'admettait point la séparation de biens entre les créanciers d'un défunt et ceux de son héritier. Voir Merlin, *Répertoire,* Séparation de patrimoines, § 1.

sion d'avec ceux de l'héritier que les créanciers et légataires de la succession ont droit d'obtenir du juge (1). »
Empruntée au titre *de Separationibus*, au Digeste,
l'institution du bénéfice de séparation des patrimoines,
en passant dans notre ancienne jurisprudence, subit
toutefois dans sa nature, ses applications et ses effets,
des transformations que nous avons à signaler.

Nous avons vu qu'en droit romain, il fallait s'adresser
au préteur, qui statuait *cognitâ causâ*, pour obtenir la
séparation des biens héréditaires. Celle-ci ne se présentait que comme un incident de poursuites en expropriation dirigées contre l'héritier, et avait pour but de
permettre, à ce moment, aux créanciers du défunt de
faire distinguer le patrimoine de celui-ci du patrimoine
propre de l'héritier, pour que le prix de vente du premier leur soit exclusivement attribué. Comme vestige de
cette intervention du magistrat dans la mise en œuvre
de l'institution de la séparation des patrimoines, on retrouve encore pendant quelque temps, dans notre ancienne jurisprudence, la nécessité d'obtenir des lettres
de chancellerie, pour introduire en justice la demande en
séparation des patrimoines (2). Mais les envois en possession et les gages prétoriens qui en résultaient sont

<hr>

(1) Pothier, *Traité des successions*, chap. V, art. IV.

(2) Voir le Prestre, centurie première, chap. 76. — « Si les meubles du
défunt sont seulement saisis à la requeste des créanciers de l'héritier, les
créanciers du défunt s'opposeront et obtiendront lettres royaux, afin de demander séparation des biens du défunt d'avec ceux de l'héritier. » Bacquet,
Traité des droits de justice, chap. 21, in fine. — Il est à remarquer que dans
la plupart des cas où la législation romaine avait subordonné l'exercice d'un
droit à un décret du préteur, notre ancienne jurisprudence avait remplacé la
décision de ce magistrat par une autorisation émanée du souverain, comme
l'atteste surtout la théorie des actions rescisoires.

disparus (1); la séparation des patrimoines n'apparaît plus comme étant seulement un accessoire et un incident de l'expropriation de l'héritier; il n'est plus question du préliminaire indispensable de la mise en vente de ses biens auquel elle était soumise; elle s'est dégagée de la procédure préalable d'exécution forcée à laquelle le droit romain subordonnait le droit des créanciers héréditaires de demander que les biens du défunt soient séparés pour leur être spécialement attribués; et s'il est vrai que les poursuites dont l'héritier peut être l'objet et les saisies qui sont pratiquées sur ses biens doivent avertir les créanciers du défunt du danger de son insolvabilité, et, par conséquent, de l'utilité qu'il y a pour eux à user du bénéfice de la séparation des patrimoines, celle-ci se présente aussi comme une procédure principale, comme un droit propre et un moyen direct d'action qui leur appartient, afin de sauvegarder et de faire valoir leurs droits sur les biens qui, du vivant de leur débiteur primitif, étaient affectés à leur sûreté (2). L'obligation de se munir de lettres de chancellerie, à l'effet de pouvoir invoquer le bénéfice de séparation, finit elle-même, d'après le témoignage des auteurs, par tomber en désuétude (3).

(1) Loyseau, *de l'Action hypothécaire*, liv. III, chap. VII, 1.

(2) « Si un créancier de l'héritier saisit le premier des loyers dus d'une maison de la succession, et qu'un créancier du défunt saisisse le second, la préférence est due à celui-ci, quoique les loyers soient échus depuis le décès, et qu'il n'y ait point de demande en séparation, parce que la séparation est de plein droit parmi nous et non sujette à demande; de plus les fruits de la succession ne sont pas moins affectés aux dettes du défunt, que les fonds mêmes. » Lebrun, *Traité des success.*, liv. IV, chap. II, sect. I, 24.

(3) Remarques de de Ferrière sur Bacquet, loc., cit. — Lebrun, nº 25, in fine.

Des diverses applications que recevait en droit romain la séparation des biens, une seule s'est maintenue dans la doctrine et la pratique anciennes ; la séparation des patrimoines a été conservée en ce qui concerne les créanciers et les légataires du défunt (1); ce n'est plus une théorie générale sur des cas variés et à laquelle se rattachent des hypothèses multiples ; la séparation n'apparaît plus que comme un correctif de la confusion qui s'opère entre les biens du défunt et ceux de l'héritier, pour empêcher les conséquences désastreuses qu'aurait pour les créanciers du premier l'état d'insolvabilité du second ; et les auteurs en traitent dans une section du titre des successions (2).

En devenant indépendant de l'existence de voies d'exécution forcée suivies contre l'héritier, le bénéfice de séparation dut perdre le caractère qu'il avait primitivement de mesure collective, embrassant l'ensemble de toutes les choses qui avaient appartenu au défunt. Il ne s'agit plus en effet de vendre comme deux masses distinctes de biens, sur l'héritier exproprié et dessaisi, ses biens propres au profit de ses créanciers personnels, et les biens du défunt au profit des créanciers héréditaires ; et il dut être désormais loisible à ces derniers d'invoquer le bénéfice institué en leur faveur, à l'égard des biens composant la succession pris individuellement (3).

(1) Voir Domat, *Lois civiles*, de la Séparat., sect. I, n°° 1, 2 et 3. — Lebrun, n° 21, fait cependant encore allusion, par souvenir du droit romain, aux diverses applications que la séparation des patrimoines y recevait, par exemple, au cas d'institution d'un esclave héritier nécessaire, etc.

(2) Lebrun, *Traité des successions*, liv. IV, chap. II, sect. I, n°° 11 à 30 ; Pothier, *Traité des success.*, chap. V, art. 4.

(3) Voir Bacquet, *Droits de justice*, chap. XXI, in fine. — Lebrun, *Successions*, liv. IV, chap. II, sect. I, 24, aux endroits déjà cités.

Pour que la séparation des patrimoines soit possible,
il faut, comme en droit romain, qu'elle ait lieu *rebus
integris;* et les diverses décisions du titre *de Separationibus,* en ce qui touche la confusion matérielle qui
a pu s'opérer par le mélange des biens du défunt avec
ceux de l'héritier, les aliénations que l'héritier a pu
faire des choses qui composaient l'actif de la succession,
les novations ayant eu lieu par suite de l'acceptation,
par les créanciers du défunt, de l'héritier pour débiteur
à la place de celui-ci, sont adoptées et suivies dans l'ancienne jurisprudence française (1). Elle s'est seulement
écartée de la règle d'après laquelle la séparation des
patrimoines devait être demandée, suivant la doctrine
romaine, dans un délai préfixe de cinq ans, passé
lequel les créanciers héréditaires étaient déchus du
droit de se faire payer exclusivement sur les biens du
défunt, qui étaient présumés sans doute alors ne pouvoir plus être distingués de ceux de l'héritier. On n'admettait en France, et surtout dans les pays de droit
coutumier, les prescriptions établies par le droit romain
qu'autant qu'elles se trouvaient confirmées par les or-
donnances royales ou par les coutumes (2). A défaut de
cette confirmation, on décidait donc généralement que
le droit de profiter de la séparation des patrimoines ne
se prescrivait que par trente années à partir de l'ouverture de la succession, et pouvait, pendant cet inter-

(1) Domat, *Lois civiles,* de la Séparation des biens, liv. III, tit. 2, sect. I,
§ 5, sect. II, § 1, 2. — Lebrun, *des Success.,* liv. IV, chap. II, sect. I, n° 22
et 25. — Pothier, *Success.,* chap. V, art. 4.

(2) Voir Merlin, *Répertoire,* Séparat. de patrim., § 3, 3, et les autorités
qu'il cite.

valle, être exercé tant qu'une confusion matérielle et complète (que la rédaction d'un inventaire, s'il en avait été dressé un, pouvait empêcher) entre les biens du défunt et ceux de l'héritier ne rendait pas la séparation impossible(1). Cependant la prescription quinquennale avait été conservée dans les pays de droit écrit et principalement dans les provinces de Belgique, où les principes du droit romain étaient scrupuleusement suivis (2).

On observait également, dans notre ancienne jurisprudence, les règles que nous avons étudiées avec plus de détails en droit romain, relativement aux hypothèses où il s'agit de créanciers héréditaires ou de légataires du défunt dont le droit est momentanément suspendu jusqu'à l'arrivée d'un terme ou d'une condition; où, parmi les créanciers du défunt, quelques-uns seulement veulent user du bénéfice de séparation des patrimoines; où le créancier du défunt se trouve être lui-même son héritier pour partie; où le patrimoine du défunt a passé successivement en la propriété de plusieurs héritiers, etc... (3).

En appelant les enfants émancipés au nombre des héritiers siens de leur auteur, par l'une des possessions de biens qu'il avait créées, le préteur les avait astreints à l'obligation de rapporter aux véritables hé-

---

(1) Pothier, loc. citat. — Lebrun, loc. citat., n° 24, in fine.

(2) Voir Domat, *Lois civiles*, de la Séparat., sect. II, préamb. — Merlin, *Répert.*, Séparat., § 3, 4. — D'Espeisses, *des Contrats*, part. III, tit. 2, n° 16, de la Séparat., sect. V.

(3) Voir Domat, *Séparat.*, sect. I, § 4, 11, 7 et 8. — Pothier, loc. citat. — D'Espeisses, *de la Séparat.*, n°ˢ 2, 6, 7, 8 et 17.

ritiers siens, pour être joints à la masse héréditaire, tous les biens qui, s'ils ne fussent pas sortis de la puissance paternelle, eussent appartenu à leur chef de famille (1). Telle est l'origine de la *collatio bonorum*, ou institution du rapport des biens, qui, imaginée par le droit prétorien pour un cas particulier, fut successivement développée par l'interprétation des prudents et les constitutions impériales (2). Cette institution soulève, dans notre ancienne jurisprudence, quelques doutes au point de vue de la séparation des patrimoines. Un fils a reçu, du vivant de son père, des donations entre-vifs que celui-ci lui a faites ; lorsqu'il vient à sa succession, l'obligation lui est imposée de rapporter à la masse des biens héréditaires les choses qui lui ont été données, pour opérer le partage avec ses frères qui sont ses cohéritiers : les créanciers du défunt peuvent-ils prétendre que les biens ainsi rentrés par l'effet du rapport dans le patrimoine de celui-ci, doivent être séparés et exclusivement vendus à leur profit (3) ? Mais, comme l'obligation du rapport n'est établie que pour maintenir l'égalité des partages, en faveur des héritiers et non à leur préjudice, et que les choses données entre-vifs à l'un d'eux par le défunt ne sont remises à la masse héréditaire et ne sont réputées biens de la succession que par fiction, vis-à-vis seulement des cohéritiers du donataire, il doit s'ensuivre

(1) Dig., liv. XXXII, tit. 6, *de Collatione bonorum*, loi I, princip. Ulp.

(2) Voir au Code, liv. VI, tit. 20, *de Collationibus*.

(3) Pothier, *Traité des success.*, chap. IV, art. 2, § 2, *des Rapports.* — Lebrun, n° 28.

que les créanciers du défunt « ne peuvent se prévaloir de cette fiction, qui n'a pas été faite pour eux (1). »

Le bénéfice de séparation des patrimoines est institué en faveur des créanciers et des légataires du défunt, à l'effet de les soustraire au préjudice qui résulterait pour eux de la confusion opérée entre les biens qui composaient l'actif de la succession et qui suffisaient pour les désintéresser, et les biens de l'héritier qui se trouve insolvable. Quand l'intérêt de ceux qui ont le droit de réclamer la séparation vient à ne plus exister, les effets qu'elle produisait doivent disparaître alors que la cause elle-même n'en existe plus. Si donc les créanciers héréditaires, et, après qu'ils ont été payés, les légataires institués par le défunt, ont obtenu une complète satisfaction sur les biens qui appartenaient à celui-ci, et qu'ils ont fait vendre séparément à leur profit exclusif, ce qui peut encore en rester demeure la propriété de l'héritier et par conséquent le gage de ses propres créanciers, qui peuvent poursuivre désormais sur ces biens restant du patrimoine héréditaire le paiement de ce qui leur est encore dû; car l'héritier, malgré les mesures qui ont pu être prises contre les dangers de son état d'insolvabilité, n'a pas perdu sa qualité et les droits qu'elle lui confère. Cette décision, qui ne faisait aucun doute dans la doctrine romaine, était également suivie dans notre ancienne jurisprudence (2). Mais une innovation s'était introduite dans nos usages en ce qui

---

(1) Pothier, *des Success.*, chap. V, art. 4. — *Introduction au titre des success.* n° 128.

(2) Lebrun, n° 27.

concerne l'hypothèse inverse; et la controverse que nous avons constatée entre les jurisconsultes romains sur la question de savoir si, après que les créanciers du défunt ont demandé la séparation des biens héréditaires et que ceux-ci n'ont point été suffisants pour leur paiement intégral, ils conservent le droit d'exercer ensuite un recours contre l'héritier, cette controverse a été tranchée par la pratique des parlements et la doctrine des auteurs dans le sens favorable à l'équité que proposait Papinien (1).

Nous avons vu qu'à ne consulter que les stricts principes du pur droit et à appliquer leurs logiques déductions, la conséquence rigoureuse de la demande en séparation des patrimoines, et les effets qu'elle produisait, devaient être, ainsi que le décidaient formellement Paul et Ulpien, d'enlever aux créanciers héréditaires toute action ultérieure contre l'héritier, alors même que contrairement à leurs prévisions il se trouvait solvable, tandis que la succession elle-même était grevée d'un passif supérieur à son actif. Se méfiant de la personne et des biens de l'héritier, ils se sont retirés de lui ; ils ont refusé de l'accepter pour débiteur ; ils ont demandé que l'adition d'hérédité fût considérée comme non avenue à leur égard; ils doivent donc s'en tenir à la position qu'ils ont volontairement prise eux-mêmes ; aucun lien, aucune relation n'existe plus entre eux et l'héritier, et celui-ci doit rester désormais à l'abri de toute poursuite de leur part. D'Espeisses, auteur de

______

(1) Voir Domat, *Séparat.*, sect. I, n° 9. — Dig. de Separat.; loi III, § 2.

droit écrit, avait reproduit sur ce point, dans notre ancien droit, la théorie romaine formulée par Paul et Ulpien, ainsi que les motifs sur lesquels elle s'appuyait (1). Mais, contredite par l'annotateur de d'Espeisses lui-même (2), cette doctrine n'avait point prévalu. Malgré la logique inflexible des principes, le droit romain avait cependant admis que, si c'était par suite d'une erreur inévitable, d'une ignorance excusable de la valeur réelle de la succession, que les créanciers héréditaires avaient demandé la séparation des biens du défunt, insuffisants pour les payer, le préteur pouvait pour de justes causes les relever de cette erreur, les restituer contre les effets de leur demande, et leur permettre de recourir contre l'héritier, une fois que ses propres créanciers auraient été complétement désintéressés. L'idée d'équité qui avait fait adopter ce tempérament, et sur laquelle Papinien s'appuyait pour proposer sa solution, assura le triomphe de son opinion dans notre ancien droit. Invoquant l'autorité du *grand Papinien*, qui pour lui est un contre-poids suffisant contre tous les autres (3), Lebrun décide que les créanciers du défunt ont le droit de recourir contre l'héritier, lorsque les biens de la succession n'ont pas pu suffire pour leur paiement intégral. La raison veut en

(1) *Des contrats*, part. III, tit. 2, sect. V. *De la séparation des biens*, n° 9.

(2) Guy du Rousseaud de la Combe ; œuvres de d'Espeisses, loc. citat.

(3) On sait qu'une constitution de l'empereur Théodose II (an 426 de J.-C.), connue sous le nom de *Lois des citations*, avait donné force de loi aux décisions de certains jurisconsultes anciens : si ces auteurs étaient d'avis différents, la majorité devait l'emporter ; au cas de partage, l'opinion de Papinien devait prévaloir ; et enfin si Papinien ne se prononçait pas, le juge alors devait décider lui-même. Voir M. Ortolan, *Explic. des inst.*, liv. 1, tit. 2, § 8. — *Histoire de la législ. rom.*, n° 93.

effet qu'il en soit ainsi. La séparation des patrimoines ne saurait enlever à l'héritier sa qualité d'héritier, et par conséquent de débiteur, et le soustraire à l'action personnelle dont il est toujours tenu, comme tel. Elle n'est point capable d'effacer l'acceptation de l'hérédité ; les effets en subsistent nonobstant la séparation ; et si celle-ci a pour but d'assurer aux créanciers du défunt le droit d'être payés exclusivement sur les biens de la succession, elle ne détruit pourtant pas la règle : *Qui semel heres nunquàm desinit esse heres* (1). Et Pothier ajoute que la séparation introduite en faveur des créanciers héréditaires ne doit pas leur préjudicier et être rétorquée contre eux ; l'héritier n'est pas déchargé de l'obligation qu'il a contractée envers eux en acceptant la succession, ils n'ont pas eu l'intention de le libérer, mais seulement d'être préférés sur les biens ayant appartenu au défunt aux créanciers de l'héritier (2).

Ainsi c'est un système complétement nouveau qui est suivi ; toute relation n'est plus désormais rompue entre les créanciers du défunt et l'héritier ; les premiers ne cherchent qu'une sûreté contre l'insolvabilité du second, et celui-ci n'en reste pas moins obligé. Mais ce système, que l'équité a fait admettre, se trouve lui-même mutilé dans ses conséquences par une autre raison d'équité. Il semblerait en effet que, puisque l'obligation personnelle de l'héritier continue à exister,

---

(1) Lebrun, *Traité des successions*, liv. IV, chap. II, sect. I, n° 20.

(2) Pothier, *Traité des successions*, chap. V, art. IV, *contrà vice versâ*. — *Introd. au titre des success.*, n° 120.

puisque les créanciers héréditaires n'ont fait, en demandant la séparation qui ne doit pas être rétorquée contre eux, que s'assurer un droit de préférence sur les biens qui composaient la succession, ils dussent pouvoir recourir contre l'héritier, non pas subsidiairement, après ses dettes personnelles payées, ainsi que le pensait Papinien, mais bien qu'ils dussent pouvoir venir, suivant le droit commun, sur ses biens concurremment avec ses propres créanciers. En faveur de ces derniers, l'obligation de l'héritier se trouve toutefois à cet égard modifiée ; et bien qu'il puisse n'y avoir aucune iniquité à ce qu'il existe entre les divers créanciers d'une même personne des causes de préférence (1), Pothier décide avec Papinien que les créanciers héréditaires ne peuvent être payés qu'après ceux de l'héritier sur les biens de celui-ci, parce que « puisqu'on leur sépare les biens de la succession dans lesquels les créanciers de l'héritier pourraient demander une concurrence avec eux, comme étant lesdits biens de la succession devenus les biens de l'héritier, par l'acceptation de la succession, il est équitable qu'en conséquence, les créanciers de la succession leur laissent les biens de l'héritier (2).

Nous avons dit déjà que des diverses applications que la séparation des patrimoines recevait en droit romain, notre ancienne jurisprudence n'avait conservé que celle qui avait lieu dans le but d'empêcher la confusion des biens du défunt avec ceux de son héritier ;

(1) M. Bugnet sur Pothier, tome VIII, page 221, note 1.
(2) *Traité des successions*, chap. V, art. IV.

mais, dans cette limite, une autre dérogation s'était introduite à cet égard, et, envisagée à ce point de vue spécial, la séparation des patrimoines avait reçu une nouvelle extension. C'est au profit des créanciers du défunt que la législation romaine avait admis le bénéfice de la séparation des biens ; on comprend qu'on ne pouvait leur imposer un débiteur qui n'était point de leur choix et dans lequel ils n'avaient jamais mis leur confiance. Mais le même raisonnement ne pouvait plus s'appliquer aux créanciers personnels de l'héritier ; leur débiteur est resté libre de contracter et de s'obliger ; c'était à eux, lorsqu'ils ont traité avec lui, à exiger des sûretés particulières ; ils doivent donc respecter l'adition d'hérédité faite par leur débiteur, alors même que la succession est grevée de dettes, à moins toutefois que l'héritier n'ait fait cette adition que dans l'intention de leur nuire, et en fraude de leurs droits, auquel cas ses créanciers personnels pourront la faire rescinder et demander aussi que ses biens propres soient séparés à leur profit de ceux dont l'hérédité se compose (1). Mais cette différence entre les créanciers du défunt et ceux de l'héritier, relativement au droit de demander la séparation des patrimoines, n'avait point été admise par la jurisprudence de la plupart des parlements et par les décisions d'un grand nombre de jurisconsultes (2). En

(1) Dig. de séparat., loi I, § 2 et 5. Ulp. — Voir d'Espeisses, *de la Séparat.*, n° 12. — Henrys, *des Fermages des terres*, quest. 28, observations de Bretonnier, n° 11 (œuvres de Henrys, tome II, page 278).

(2) Voir Bretonnier sur Henrys, n° 12 ; Guy du Rousseaud de la Combe sur d'Espeisses, loc. citat., n° 12, *nota*. — Merlin, *R perloire*, Séparat. de patrim., § 2-5. — Esplard, *Observations* sur Lebrun, loc. citat., n° 16.

vain Pothier tenait-il pour la doctrine romaine (1) ; en
vain Lebrun signalait-il les dangers qu'il pouvait y
avoir à permettre aux créanciers de l'héritier de demander dans tous les cas la séparation de ses biens
d'avec ceux du défunt dont il a accepté la succession ;
ne serait-ce pas lui fournir la possibilité, en s'entendant
avec ses propres créanciers, de revenir sur l'acceptation
pure et simple qu'il a faite, et de se soustraire ainsi à l'o-
bligation qu'il a contractée de payer, même *ultrà vires*,
les dettes de l'hérédité ? enfin ne pouvait-il pas dans ce
but, produire des créanciers imaginaires qui, se présentant en vertu d'actes sous seing privé n'ayant pas de
date certaine, demanderaient la séparation de ses biens
et les absorberaient au détriment des créanciers héréditaires vis-à-vis desquels il s'est personnellement obligé par l'acceptation de la succession (2) ? Malgré ces
raisons, l'usage contraire avait prévalu et l'on décidait
que les créanciers de l'héritier, comme ceux du défunt,
pouvaient également invoquer le bénéfice de séparation des patrimoines. « Cette subtilité n'a pas été goû-

(1) Pothier, *Introd.*, n° 130. *Traité des successions*, chap. V, art. 4.
In fine.

(2) Lebrun, n°˙ 13 et suiv. — Tout en refusant aux créanciers de l'héritier le bénéfice de la séparation des patrimoines, Pothier et Lebrun leur reconnaissent cependant le droit de faire révoquer l'acceptation que leur débiteur aurait faite, en fraude de leurs droits, d'une succession notoirement
mauvaise ; c'était la décision du droit romain ; Pothier et Lebrun font seulement remarquer que notre ancienne jurisprudence était plus rigoureuse que
le droit romain pour la rescision de tout ce qu'un débiteur peut faire en
fraude de ses créanciers ; le titre du Digeste, *Quæ in fraudem creditorum*
(liv. XLII, tit. 8), n'était pas d'un grand usage ; et Lebrun ajoute que la ré-
vocation de l'acceptation doit être difficilement admise, parce qu'il n'y a
rien de plus naturel et de moins suspect que d'accepter une succession déférée par la loi (Lebrun, n° 20 ; Pothier, Introd., n° 130, *Traité des success.*,
chap. V, art. 4, in fine).

tée dans notre usage, disait Domat en réfutant les motifs par lesquels le droit romain refusait ce bénéfice aux créanciers de l'héritier ; il ne doit pas leur être défendu d'user du droit qu'ils ont sur ses biens, pour empêcher qu'il ne les assujettisse aux charges de la succession ; et il est de la même justice de leur accorder cette séparation que de l'accorder contre eux aux créanciers du défunt pour les biens de la succession (1). »

Ce qui pouvait servir à expliquer cette dérogation aux règles du droit romain et l'introduction de cet usage dans notre ancien droit, c'est que les titres que les créanciers du défunt avaient contre lui ne devenaient, par suite de la maxime que *toutes exécutions cessent par la mort de l'obligé* (2), exécutoires contre l'héritier qu'autant que celui-ci s'était obligé envers eux par un *titre nouvel*, ou que les créanciers héréditaires avaient obtenu contre lui une sentence (3). Il

(1) Domat, liv. III, tit. 2. *De la séparation des biens*, préamb.

(2) Pothier, *Traité des successions*, chap. V, art. 4, des Actions des créanciers contre les héritiers.

(3) Voir de Ferrières, *Dictionnaire de droit*, Séparation de biens d'une succession. — Pothier, loc. citat. — Lebrun, *Traité des successions*, liv. IV, chap. II, sect. I, n° 18. La nécessité d'obtenir de l'héritier un titre nouveau ou de prendre contre lui un jugement, ne pouvait servir qu'à occasionner des frais, à multiplier les procès, et à fournir au débiteur de mauvaise foi des exceptions de forme pour éluder le paiement (Voir Locré, *la Législation*, tome 10, page 169, observations du Tribunat, et page 263, *Rapport de M. Chabot*). Cette nécessité a disparu aujourd'hui : il importait seulement d'empêcher que les héritiers ne pussent être surpris à l'improviste par une exécution qui, en même temps qu'elle occasionnerait des frais, pourrait porter atteinte à leur crédit ; c'est dans ce but que l'article 877 du Code civil décide que les créanciers qui avaient des titres exécutoires contre le défunt, ne peuvent commencer des poursuites contre ses héritiers que huit jours après qu'ils ont porté l'existence de ces titres à leur connaissance, par une signification faite à personne ou à domicile.

pourrait donc sembler que, jusqu'à ce moment, les biens de l'héritier se trouvant à l'abri de toutes poursuites de la part des créanciers héréditaires, ses propres créanciers dussent être admis à demander qu'ils soient séparés à leur profit (1).

Pour en revenir au droit de séparation des patrimoines existant en faveur des créanciers et des légataires de la succession, c'est leur seule qualité de créanciers qui leur permet de réclamer ce bénéfice (2). La séparation les replace dans la situation où ils se trouveraient si leur débiteur primitif, le défunt, vivait encore; ses simples créanciers chirographaires sont payés sur ses biens, préférablement à tous ceux qui peuvent avoir acquis sur ces mêmes biens une hypothèque du chef de l'héritier (3). Quant aux créanciers hypothécaires du défunt, ils ont, en cette qualité, le droit de suivre les biens de la succession qui se trouvent affectés à leur sûreté en quelques mains qu'ils puissent passer (4); mais vis-à-vis des créanciers per-

(1) Lebrun, au n° 18, fait remarquer que la règle d'après laquelle le titre des créanciers du défunt n'est exécutoire sur les biens de l'héritier, qu'après qu'il a été déclaré tel, ne produit pas une séparation de biens, ou tout au moins n'en produit qu'une bien imparfaite. Cette règle, en effet, n'empêche pas que les créanciers du défunt ne viennent au moins du jour du *titre nouvel* sur les biens de l'héritier, ni que les hypothécaires ne viennent encore sur les biens de l'héritier préférablement à ses propres créanciers chirographaires. Les créanciers du défunt, au surplus, ne peuvent exécuter les biens de la succession eux-mêmes, pas plus que les biens personnels de l'héritier, avant d'avoir obtenu un titre nouveau ou une sentence. Voir Pothier, chap. V, art. IV, *des Actions des créanc.*

(2) Domat, *de la Séparation*, section I, n° 2.

(3) Dig. de Separat., loi I, § 3. — Domat, lois civiles, *de la Séparation*, préamb, sect. I, n° 6.

(4) Domat, *des Gages et hypothèques*, sect. III, n° 2. — Voir Pothier, *Traité de l'hypothèque*, chap. II, des Effets de l'hypothèque, art. 3, de l'Effet de l'action hypothécaire.

sonnels de l'héritier, ils peuvent avoir intérêt à demander eux-mêmes la séparation du patrimoine du défunt,
soit parce que certains biens de la succession, par
exemple les meubles qu'elle comprend, ne sont pas
frappés de leur hypothèque, soit encore dans l'hypothèse où les créanciers de l'héritier, en contractant avec
lui, ont exigé une hypothèque générale sur tous ses
biens présents et à venir (1), parce que cette hypothèque
générale est antérieure à la leur et doit par conséquent
la primer (2), de telle sorte que ce n'est qu'en demandant la séparation des patrimoines et en empêchant
ainsi les biens du défunt de se confondre avec ceux de
l'héritier qu'ils pourront être payés sur les choses
héréditaires, préférablement aux créanciers personnels de celui-ci (3).

Cette dernière utilité subsistait encore pour les
créanciers héréditaires, même dans le cas où tous les
biens composant l'actif de la succession pouvaient se
trouver affectés hypothécairement à leur sûreté, comme
dans le ressort des parlements qui admettaient l'hypo-

---

(1) Voir à la page 70.

(2) Lebrun, n° 12. — Domat, loc. citat., *des Hypoth.*, n° 5. — Merlin,
Rép. rt, Séparat., § 2, n° 4. — Pothier, *Traité de l'hypothèque*, chap. II,
art. 3, sect. III.

(3) Pothier, cependant, d'accord en cela avec d'autres auteurs, pense que
la séparation est inutile aux créanciers hypothécaires, du moins lorsque tous
les biens de la succession sont susceptibles d'hypothèque, parce que les créanciers de l'héritier ne peuvent être mis en ordre sur ces biens qu'après tous
les créanciers hypothécaires du défunt, « car l'héritier, n'ayant les biens qu'à
la charge des hypothèques des créanciers du défunt, n'a pu les hypothéquer
à ses propres créanciers que sous cette charge, il n'a pu leur donner d'hypothèque qu'après celle des créanciers du défunt. » *Traité des successions,*
chap. V, art. 4.

thèque sur les meubles eux-mêmes (1). Elle se présentait aussi pour les légataires dont l'hypothèque, qui leur était accordée sur les biens du défunt à dater de son décès, pouvait être primée par les créanciers de l'héritier ayant une hypothèque générale antérieure à l'ouverture de la succession (2); et enfin pour les créanciers chirographaires eux-mêmes, dans les coutumes où ils étaient réputés hypothécaires sur les biens qui avaient appartenu à leur débiteur, à partir du jour de sa mort (3).

(1) Les parlements de Rouen, de Rennes, de Toulouse; Merlin, *Répertoire*, sect. I, § 3, n° 1.

(2) Voir Pothier, *Traité des donations testamentaires*, n°˙ 288, 289, 290. *Traité de l'hypothèque*, n° 83.

(3) Voir Godefroy sur l'article 593 de la *Coutume de Normandie*.

CHAPITRE III

De la Séparation des Patrimoines dans le Droit intermédiaire.

L'hypothèque est une institution du droit prétorien (1).
A la différence du droit de gage, pour la constitution
duquel il fallait que le débiteur fît tradition au créancier
de la chose qu'il affectait à sa sûreté (2), l'hypothèque
résultait de la seule convention des parties; cette convention n'était assujettie à aucune forme, à aucune publicité; le bien hypothéqué restait entre les mains du débiteur, de telle sorte qu'il pouvait n'être pas sans danger
pour les tiers de contracter avec lui, puisque rien ne leur
assurait que le bien qu'il leur vendait ou qu'il leur hypo-
théquait fût complétement libre entre ses mains (3). Une
constitution de l'empereur Léon décida que les hypothèques qui seraient constatées par un acte dressé par un
officier public ou signé par trois témoins dignes de foi,
seraient préférées, bien que postérieures en date, à celles
qui seraient dénuées de semblables preuves (4) : ce qui

(1) Instit., lib. 4, tit. vi, § 7, de Action.

(2) *Id.*, lib. 3, tit. xiv, § 4, Quib. mod. re contrah. oblig.

(3) Dig., lib. 20, tit. i, de pignor. Loi 4, Gai. — Voir Pothier, *Traité de l'hypothèque*, 9; — M. Ortolan, *Explic. hist. des Instit.* sur l'hypoth., § 7 lib. 4, tit. vi; — M. Machelard, *Textes sur les hypothèques*, idées générales; — M. Troplong, *des Priviléges et hypoth.*, tome II, n°s 534-537.

(4) Cod. Lib. 8, tit. xviii, loi 11, Qui potior. — An 449.

n'était encore qu'un moyen bien insuffisant de publicité (1). Dans notre ancien droit, l'hypothèque reste toujours occulte ; mais la simple convention ne suffit plus pour la constituer ; il faut pour l'établir un acte authentique, reçu par un notaire ; et cet acte, qu'il contienne ou non la mention d'une stipulation expresse à cet égard, produit une hypothèque générale sur tous les biens présents et à venir de la personne qui s'oblige (2). Ce système de la généralité des hypothèques et du secret dans lequel elles restaient ensevelies sur la presque totalité du territoire français (3), présentait de grands dangers et de graves inconvénients ; il permettait aux débiteurs de mauvaise foi de tromper leurs créanciers sur leur véritable position et d'accumuler sur leurs biens une masse d'hypothèques supérieure à leur fortune ; les tiers, dans l'ignorance où ils étaient du montant réel des sommes qu'il pouvait devoir, étaient exposés à traiter avec un homme ruiné, quoique en apparence très-solvable ; d'un autre côté, le crédit des débiteurs eux-mêmes se trouvait fort diminué, car on n'osait pas contracter avec eux, ou

(1) Il paraît cependant que Rome avait adopté, pendant quelque temps, comme moyen de publicité, un usage pratiqué déjà en Grèce et qui consistait à placer sur les héritages hypothéqués des signes visibles destinés à garantir les créanciers de toute surprise. V. Fenet. tome XV, p. 440, discours de M. Treilhard au Corps législatif.

(2) Pothier, *Hypoth.* 10. — Voir Merlin, *Répertoire*, Hypothèque, sect. 1, § 5, 1 et 2.

(3) Certaines coutumes avaient prescrit pour la validité du contrat d'hypothèque certaines formalités qu'on désignait sous le nom de *nantissement*. Telles étaient les coutumes de Vermandois, Reims, Châlons, Amiens, etc. — Voir M. Troplong, *Hypoth.*, n° 559.—Merlin, *Répertoire*. Dev irs de loi ; Hypothèque, sect. 1, § 5, n° 14 ; Nantissement, 2. — Lamoignon, *Arrêtés*, tome II, p. 103, note.

du moins on ne le faisait pas avec la même sécurité (1).
Aussi, diverses tentatives eurent-elles lieu à différentes
époques dans le but de remédier à cet état de choses et
aux abus qui en résultaient. Henri III, Louis XIV et
Colbert, Louis XV, essayèrent successivement d'organi-
ser un système hypothécaire qui, au moyen de la publicité et par l'emploi de certaines formalités prescrites à
cet effet, pût protéger les intérêts des tiers et mettre la
confiance dans le commerce des affaires (2). Les esprits,
du reste, étaient partagés sur la nécessité de cette publicité ; quelques-uns y voyaient une cause de ruine pour le
crédit des particuliers par la divulgation des secrets des
familles (3) ; et les efforts qui furent faits dans ce sens
échouèrent souvent contre les préjugés qui se refusaient

(1) Ces inconvénients étaient signalés par Loyseau, *de l'Action hypoth.*,
liv. III, n° 10, chap. 1er.

(2) Édits de 1581, 1673 et juin 1771, M. Troplong, *Hypoth.*, n°° 560 et
suiv. — Exposé des motifs de M. Treilhard au Corps législatif, sur le titre
des Privilèges et hypothèques, dans la séance du 10 mars 1804. Fenet, *Travaux prépar.*, t. XV, p. 430,

(3) Daguesseau : « On a toujours cru que *rien n'était plus contraire au
bien et à l'avantage de toutes les familles, que de faire trop connaître l'état
et la situation de la fortune des particuliers.*

Un Italien a dit autrefois que l'opinion était la reine du monde ; si cela
est, on peut dire que c'est en France qu'elle a établi le siége de son empire ;
on n'y vit et on n'y subsiste que par opinion ; le crédit et la confiance ne
sont fondés que sur l'opinion ; et c'est ôter aux hommes leurs dernières ri-
chesses que de leur arracher cette réputation, qui leur tient souvent lieu de
bien, lors même qu'ils ont tout perdu.

Avec elle, on voit tous les jours une infinité de fortunes se relever et se
rétablir, qui, sans cet avantage, auraient été perdues sans retour.

C'est cette opinion qui fait trouver aux plus malheureux des ressources
imprévues ; comme on croit pouvoir prendre confiance en leur probité, et
qu'on n'a point une certitude de leur ruine, ils trouvent encore dans leurs
amis des secours dont ils peuvent profiter pour recueillir les débris de leur
fortune..... Pendant ce temps, un marchand trouve des conjonctures heu-
reuses qui rétablissent son commerce ;..... vouloir révéler le mystère de la

à en reconnaître l'utilité (1). La convention nationale reprit l'œuvre commencée ; par la loi du 9 messidor an iii, elle décréta de nouveau le principe de la publicité et établit les bureaux de conservation où les hypothèques devaient être inscrites (2) ; enfin, la loi du 11 brumaire an vii réorganisa le système hypothécaire en lui donnant pour bases fondamentales la publicité et la spécialité de l'hypothèque (3). Désormais, les hypothèques doivent être inscrites au bureau de la conservation de la situation des biens qui en sont frappés, et elles ne prennent plus rang qu'à compter du jour de cette inscription (4) ; il doit en outre être fait mention de l'espèce et de la situation des biens sur lesquels le créancier entend conserver son droit d'hypothèque (5). Quant au bénéfice de séparation des patrimoines qui peut être invoqué par les créanciers héréditaires et par les légataires institués par le défunt, la loi du 11 brumaire an vii ne l'assujettit à aucune formalité et ne prescrit à son égard aucun mode de publicité.

fortune de chaque particulier, non-seulement c'est priver toutes les familles des secours que l'on vient d'expliquer, mais c'est les livrer presque toutes, en un moment, aux poursuites rigoureuses de leurs créanciers; c'est forcer le dernier retranchement de la pauvreté, etc..... » Tome XIII, pages 621 et 622, sur le projet *d'établissement de conservateurs des hypothèques.* — Lire sur les phases diverses du régime hypothécaire en France, M. Grenier, *Traité des hypothèques,* discours préliminaire, § 1er.

(1) L'édit de 1581 fut révoqué en 1588 et celui de 1673 le fut en 1674. — Voir Basnage, *Traité des hypoth.,* chap. I, p. 3, note.

(2) Art. 3, 22, chap. IX.

(3) Art. 2 et 4. — Cette loi prescrivait aussi, afin d'avertir les tiers des mutations qui s'opéraient dans la propriété, que les ventes d'immeubles fussent transcrites au bureau de la conservation des hypothèques (art. 26). Cette formalité, abandonnée sous l'empire du Code civil, fut rétablie par la loi du 23 mars 1855, sur la *Transcription hypothécaire.*

(4) Art. 2 et 10.

(5) Art. 17-5°.

Elle se contente seulement de le rappeler, et après avoir fixé dans l'art. 14 l'ordre de collocation des divers créanciers privilégiés ou hypothécaires, elle se contente d'ajouter dans le dernier paragraphe de cet article l'énonciation suivante : « Le tout sans préjudice du droit qu'ont les créanciers des personnes décédées et les légataires, de demander la distinction et la séparation des patrimoines, conformément aux lois. » Ainsi, tandis qu'une révolution complète s'est opérée dans le régime hypothécaire ; tandis que le législateur soumet désormais l'hypothèque à la nécessité de l'inscription, pour que le créancier conserve le droit, que la simple convention lui conférait autrefois, de suivre l'immeuble affecté à sa sûreté en quelques mains qu'il se trouve (1) ; tandis qu'entre les différents créanciers hypothécaires d'une même personne, la priorité se fixe par la date de leurs inscriptions (2), le bénéfice de séparations des patrimoines reste debout au milieu de la ruine des anciens usages ; il ne reçoit aucune atteinte et se trouve maintenu intact, sans que le législateur y apporte de modification, sans qu'il entende y introduire aucune innovation, se bornant simplement à s'en référer aux lois préexistantes et ne s'expliquant pas autrement à son égard qu'en le présentant comme une dérogation qui peut être apportée à l'ordre de collocation ouvert sur le prix des biens ayant appartenu à un débiteur décédé. Aussi continue-t-on à appliquer au droit de séparation des patrimoines les anciens principes qui le régissaient autrefois, et décide-t-on, par

(1) Art. 14.
(2) Art. 14-4°.

exemple, que ce n'est que par trente années qu'il se prescrit (1), ou bien encore qu'un créancier héréditaire n'en est pas déchu, par suite de la circonstance qu'il a reçu de l'héritier les intérêts qui lui étaient dus, alors qu'il n'avait pas entendu faire avec lui une novation de sa créance (2). Toutefois, bien que la loi de brumaire ne soumette pas la séparation des patrimoines à la nécessité de la publicité et de l'inscription, et la laisse sous l'empire des anciennes lois qui la régissaient, un changement dut être apporté, à partir de ce moment, dans la position des créanciers du défunt ; les créanciers hypothécaires, en effet, qui ne se sont pas fait encore inscrire avant la mort de leur débiteur, doivent apparemment se hâter de le faire, s'ils veulent conserver le droit de suivre le bien qui leur a été hypothéqué dans quelques mains qu'il puisse passer. Mais, en ce qui concerne les rapports respectifs des créanciers du défunt et des créanciers propres de l'héritier entre eux, la loi du 11 brumaire an VII a-t-elle apporté quelque changement au droit de demander la séparation des patrimoines ? Sans doute l'utilité de ce bénéfice doit se présenter plus fréquemment que dans l'ancienne jurisprudence, puisque l'hypothèque conventionnelle consentie par le défunt à l'un de ses créanciers

(1) Rouen, 11 germinal en XI, *Journal du Palais*, tome III, p. 221; tribun. d'app. de Paris, 14 floréal an XI, *id.*, p. 268. C'est de même par suite de l'application des anciennes règles qu'il faut décider que le droit de demander la séparation des patrimoines continue de se prescrire par cinq ans dans les quelques coutumes qui avaient adopté la prescription quinquennale du droit romain, puisque l'art. 14 de la loi du 11 brumaire an VII, en maintenant ce droit aux créanciers et légataires du défunt, le leur réserve *conformément aux lois.* Cass., 9 avril 1810. Merlin, *Questions de droit*, Séparat. des patrim., § 2.

(2) Tribunal de la Seine, 2 fruct. an X, *Journal du Palais*, t. III, p. 267.

ne peut plus être générale, qu'elle n'est plus que spéciale, portant sur des biens déterminés, et qu'il peut très-bien se faire qu'elle soit insuffisante pour servir à son complet désintéressement, puisque encore il n'y a plus de coutumes qui reconnaissent que les meubles soient susceptibles d'hypothèque comme les immeubles, et, en ce qui touche plus particulièrement les simples créanciers chirographaires, puisqu'on ne saurait plus, comme on le faisait dans le ressort de certains parlements, les réputer créanciers hypothécaires sur les biens de leur débiteur à compter du jour de son décès (1). Si les créanciers hypothécaires du défunt se présentent en concours avec les créanciers personnels de l'héritier auxquels celui-ci a constitué un droit d'hypothèque sur des immeubles de la succession, l'ordre devra se régler entre eux (aux termes de l'art. 14 de la loi de brumaire et d'après le principe de publicité qu'elle proclame) suivant l'antériorité de leur hypothèque, c'est-à-dire suivant la priorité des inscriptions qui la conservent. Mais, quant au droit de séparation lui-même, quant à ce bénéfice qui, ainsi que le disait Domat (2), est complétement indépendant de l'hypothèque, qui résulte pour les créanciers du défunt de leur seule qualité de créanciers héréditaires, aucune condition de publicité n'est prescrite pour qu'il leur soit conservé et qu'ils puissent l'exercer. Il existe tant que les biens de la succession sont encore entre les mains de l'héritier, ou qu'ils ne se sont pas tellement confondus avec son propre patrimoine qu'ils ne puissent plus en être

(1) Voir à la page 74.
(2) Liv. III, tit. ii, sect. 1, *Lois civiles*, de la Séparat., 2.

matériellement distingués ; il existe tant que les créanciers héréditaires n'ont pas, au moyen d'une novation, accepté l'héritier pour leur débiteur, tant que la prescription ne peut pas leur être opposée. Ce bénéfice a pour but de leur assurer leur paiement d'une manière exclusive sur les biens ayant appartenu au défunt, préférablement aux créanciers personnels de l'héritier. On ne tient pas compte à leur égard des hypothèques que l'héritier a pu consentir sur ces mêmes biens ; ils passent avant tous ceux qui ont pu en acquérir du chef de celui-ci (1), et ils n'en laissent pas moins d'avoir le droit de faire séparer à leur profit les choses héréditaires qui se trouvent ainsi engagées ; il importe peu, du reste, que la loi nouvelle ait ajouté la nécessité de l'inscription aux conditions précédemment exigées pour la validité du contrat d'hypothèque, c'est-à-dire à la simple convention qui suffisait en droit romain, et à l'acte notarié que prescrivait notre ancien droit. Le législateur de l'an vii maintient le bénéfice de séparation des patrimoines tel qu'il existait autrefois, avec sa nature, avec ses effets ; il le présente comme *une exception aux priviléges et hypothèques* (2), comme pouvant venir intervertir l'ordre de collocation ouvert entre créanciers hypothécaires inscrits, et il déclare que le régime nouveau qu'il organise n'y porte aucun préjudice. C'est donc, quoiqu'on en ait pu dire (3), en faisant une sage application de ces principes, qu'on

(1) Lois 1, § 3, Dig. de Separat. — Domat, loc. citat. 6.

(2) Cour d'app. de Paris, 1er nivôse an XIII, *Journal du Palais*, t. h, p. 300.

(3) M. Cabantous, *Revue de législat. et de jurisp.*, Tome IV, p. 33. — M. Dollinger, *Revue critique*, tome XIII, p. 106 et 107.

a décidé que les créanciers hypothécaires de l'héritier antérieurement inscrits devaient être primés soit par les créanciers chirographaires du défunt non inscrits, soit par ses créanciers hypothécaires inscrits postérieurement, lorsqu'ils réclamaient le bénéfice de séparation des patrimoines, afin d'être colloqués par préférence sur le prix des biens héréditaires (1), parce que le droit de séparation est une chose toute différente de l'hypothèque (2).

(1) Voir Voët, ad Pandect. de Separat. 4.
(2) Cass. 17 octobre 1809. Merlin, *Quest. de droit*, Séparat. des patrim. § 3. — 22 janvier et 8 septembre 1806, Sirey, collect. anc., tome VI, p. 193 et 403.

CHAPITRE IV

De la Séparation des Patrimoines d'après le Code Napoléon.

---

§ 1.

IDÉES GÉNÉRALES (1).

En présentant au Corps législatif, dans la séance du 9 avril 1803, l'exposé des motifs du projet de loi sur les successions, M. Treilhard disait : « Le paiement des

(1) Le Code Napoléon, en maintenant l'institution de la séparation des patrimoines au profit des créanciers et des légataires d'une succession, a eu spécialement en vue l'hypothèse où il s'agit de la transmission de l'ensemble des biens d'une personne à une autre personne par suite de décès. Cette institution devrait sans doute aussi recevoir son application dans les différents cas qui peuvent être assimilés à une succession et dans lesquels le patrimoine de quelqu'un, ses droits et ses obligations se trouvent transportés sur la tête d'un autre. C'est ainsi, par exemple, que dans notre ancienne jurisprudence, en cas de *démission* de biens faite par un père à ses enfants (mode de disposition aujourd'hui abrogé, art. 893, Code Nap.), les créanciers du père auraient pu demander la séparation de son patrimoine contre les créanciers du fils (Bordeaux, 14 juillet 1836). — De nos jours encore, il devrait y avoir lieu aussi à appliquer le même bénéfice au cas de donations permises par les art. 1082 et 1083, qu'on désigne sous le nom d'institutions contractuelles, et qui, produisant leur effet au décès du donateur, sont de véritables successions. — En cas d'absence, lorsqu'il s'est écoulé trente ans depuis l'envoi en possession provisoire ou cent ans depuis la naissance de l'absent, et que ses héritiers se sont fait envoyer définitivement en possession de ses biens, ce qui les en rend propriétaires de la même manière que si la preuve du décès de l'absent était rapportée, il faudrait reconnaître aux créanciers de ce dernier le droit de se mettre, au moyen de la séparation des patrimoines, à l'abri des dangers de l'insolvabilité des envoyés en possession défi-

dettes est la première et la plus importante obligation des héritiers.... Le projet règle la proportion dans laquelle les cohéritiers et les légataires universels contribuent entre eux au paiement des dettes : il conserve au surplus les droits des créanciers sur tous les biens de la succession ; et les règles proposées n'ayant d'ailleurs rien que de conforme à ce qui s'est pratiqué jusqu'à ce jour, je puis, je dois me dispenser d'entrer dans une plus longue explication (1). » Et l'orateur du gouvernement ajoutait en terminant, à titre de réflexions générales :

« Il sera encore nécessaire d'étudier dans nos coutumes l'histoire de la législation française et d'y chercher les premières traces des règles que nous avons dû en

nitive (art. 129). — Mais nous penserions que dans le cas où, conformément aux art. 1075 et 1076, un ascendant fait entre ses descendants le partage de ses biens, les créanciers du donateur ne pourraient pas invoquer le bénéfice de séparation des patrimoines, bien entendu lorsqu'il s'agit d'un partage fait par acte entre vifs, dans la forme des donations ; car s'il était fait par testament, les enfants de l'ascendant seraient alors véritablement ses héritiers *ab intestat*. Dans la première hypothèse, on peut dire qu'il n'y a pas transmission de la personnalité juridique de l'ascendant à ses descendants ; il n'a pu disposer que de ses biens présents ; s'il les leur a donnés *per modum universitatis*, par l'attribution d'une fraction à chacun d'eux, tout en désignant ensuite les objets dont cette fraction se compose, ce partage doit entraîner tacitement l'obligation pour les enfants de payer, *intra vires bonorum*, les dettes du donateur, par suite de ce principe d'équité qu'une universalité de biens ne se conçoit que déduction faite de ses dettes. Mais l'ascendant n'en reste pas moins obligé personnellement envers ses créanciers ; mais comme il est ordinairement désormais sans ressources, ceux-ci auront plus d'intérêt à s'adresser aux enfants qui sont nantis des biens ; néanmoins si l'ascendant a procédé par voie d'attribution spéciale à chacun de ses descendants, ceux-ci ne seront pas tenus des dettes de leur auteur, parce qu'ils ne détiennent les biens qu'à *titre particulier*. Dans tous les cas, les créanciers de l'ascendant auraient la ressource de l'action paulienne, et pourraient user du droit que leur confère l'art 1167 du Code Napoléon, de faire révoquer, le cas échéant, le partage fait par leur débiteur. (Bordeaux, 3 août 1832 ; voir M. Duranton, t. 9, n° 630 ; M. Dufresne, *Traité de la séparation des patrimoines*, n°⁵ 42, 54 et 55.)

(1) Locré, *la Législation*, t. 10, p. 201, n° 33.

extraire, comme plus adaptées au génie français et à nos mœurs actuelles.

« Mais c'est surtout dans les lois du peuple conqué-rant et législateur qu'on puisera, pour me servir des expressions d'un auteur moderne, ces principes lumi-neux et féconds, ces grandes maximes qui renferment presque toutes les décisions ou qui les préparent. C'est là qu'il faut chercher, pour se les rendre familières et propres, ces notions sûres et frappantes qu'on peut re-garder comme autant d'oracles de la justice.

« .... Les lois romaines, tirant d'elles-mêmes toute leur force, sans autre autorité que celle de leur sagesse, devront toujours être l'objet principal des méditations d'un bon magistrat et d'un véritable jurisconsulte (1). »

Il semble que ces paroles de M. Treilhard ne puissent mieux s'appliquer, et que la nécessité de remonter aux sources de notre droit actuel, aux règles du droit ro-main et aux décisions de l'ancienne jurisprudence fran-çaise, ne puisse se manifester davantage qu'à propos de la matière de la séparation des patrimoines.

Comme les législations antérieures, à l'exemple du préteur à Rome, des jurisconsultes et des parlements dans notre ancienne jurisprudence, à l'exemple du lé-gislateur du 11 brumaire an 7, le législateur du Code Napoléon devait sauvegarder les intérêts des créanciers d'une personne qui vient à décéder et leur assurer la conservation de leurs droits.

Comme premier moyen de protection, la loi permet aux créanciers héréditaires, lorsqu'ils sont munis d'un

(1) Locré, n° 36, p. 202 et 203.

titre exécutoire ou qu'ils ont obtenu la permission du juge, de requérir, quand leur débiteur est mort, l'apposition des scellés sur les effets qui composent la succession et qui sont leur gage, de peur qu'ils ne se divertissent, et, une fois que les scellés ont été apposés, ils peuvent dans tous les cas s'opposer à ce qu'ils soient levés en dehors de leur présence (1).

Le Code civil a aussi recueilli dans l'héritage de l'ancien droit, au profit des créanciers du défunt et des légataires qu'il a institués, le bénéfice de séparation des patrimoines. En acceptant la succession qui lui était échue, l'héritier a pris sur lui le rôle de débiteur qui incombait à son auteur ; il le représente désormais et il a contracté l'obligation de payer toutes les dettes et les charges de l'hérédité (2) ; se trouvant engagé personnellement vis-à-vis des créanciers du défunt, ses biens, comme ceux qui appartenaient à ce dernier, confondus ensemble, sont affectés à leur sûreté (3); mais il peut se faire que l'héritier soit insolvable, qu'il soit complètement obéré, et conséquemment que les créanciers héréditaires, ne venant plus qu'en concours avec ses créanciers personnels sur le prix des deux patrimoines réunis et mélangés entre ses mains, se trouvent en perte et ne puissent obtenir le paiement de tout ce qui leur est dû (4). Venir à leur secours, empêcher, en leur faveur, cet effet de la transmission des biens du défunt à l'héritier de se produire, leur permettre d'être payés sur le patrimoine qui appar-

(1) Art. 820 et 821, Cod. civ. — 909, Cod. proc. civ.
(2) Art. 724, 870, 873, 1017, Cod. civ.
(3) Art. 2092 et 2093.
(4) Art. 2093.

tenait au premier préférablement aux créanciers personnels du second, tel est le but qu'aujourd'hui, comme
autrefois, le législateur s'est proposé par l'institution de
la séparation des patrimoines. Le principe sur lequel elle
se fonde est donc resté toujours le même, ainsi que les
effets en vue desquels elle a été créée. Corollaire des
règles relatives aux successions, remède apporté à la
confusion des biens résultant de la *saisine* héréditaire,
qui investit les héritiers des biens, des droits et des
actions qui appartenaient à leur auteur (1), elle tend à
remettre les choses dans l'état où elles étaient avant la
mort de celui-ci et à replacer ses créanciers dans la situation où ils se trouveraient si leur débiteur primitif
vivait encore. Le législateur de 1804, en décrétant le
Code civil, trouva debout cette institution qui avait tra-
versé les siècles et que Pothier avait proclamée « fondée
sur l'équité. » A part quelques modifications que nous
aurons à étudier plus loin, il la maintient avec ses règles
anciennes, il lui consacre quatre articles seulement du
titre des successions (2) pour en proclamer de nouveau
le principe, et il déclare lui-même qu'il n'a pas besoin
de s'en expliquer, parce qu'il la conserve telle qu'elle a
de tout temps été appliquée (3). Et cependant, des divergences s'étaient produites sur la matière de la séparation des patrimoines, entre ce qu'elle était en droit romain et ce qu'elle était d'après notre ancienne jurisprudence française ; des controverses s'étaient aussi élevées
entre nos anciens auteurs sur l'étendue de ce bénéfice,

(1) Art. 724.
(2) Art. 878, 879, 880 et 881.
(3) Discours de M. Treilhard.

sur ses effets et sur les personnes auxquelles il appartenait ; de là des incertitudes et des difficultés qui subsistent encore de nos jours et qu'il eût été bon que le rédacteur du Code fît disparaître, en s'exprimant avec moins de laconisme et plus de netteté. Ce n'est pas tout encore , et, indépendamment de ces incertitudes que le Code n'a point tranchées, nous allons voir surgir une nouvelle cause d'embarras. La loi du 11 brumaire an 7 avait laissé la séparation des patrimoines complétement en dehors du régime hypothécaire qu'elle organisait, et n'avait prescrit à son égard aucune formalité d'inscription et aucune condition de publicité. Telle cette institution nous apparaît encore, dans le Code, au titre des successions ; mais, arrivé au titre des priviléges et hypothèques, en réglementant le mode suivant lequel les priviléges se conservent (1), le législateur songe à soumettre à une condition nouvelle l'exercice et la conservation du droit de séparation ; un article isolé (2) (qui qualifie ce droit de privilége, alors qu'il ne se rattache par aucun lien juridique aux priviléges que la loi organise et qu'il n'est point compris dans l'énumération qu'elle en fait elle-même) (3), impose désormais aux créanciers héréditaires l'obligation de prendre une inscription sur les immeubles de la succession. A partir de ce moment, le bénéfice de séparation des patrimoines change-t-il de nature ? Dégénère-t-il en véritable privilége ? Ou bien, conservant son ancien caractère, est-il simplement réglementé dans son exercice ? Le défaut d'explications de

(1) Liv. III, tit. 18, sect. 4.
(2) Art. 2111.
(3) Art. 2102 et 2103.

la part du législateur, le silence qu'il garde, l'absence à peu près totale de documents dans les travaux prép'ratoires, la brièveté des textes, laissent sur la matière de la séparation des doutes qui ont donné lieu à divers systèmes, et des difficultés que nous rencontrerons dans les détails que nous allons maintenant étudier.

§ II.

DE CEUX AUXQUELS APPARTIENT LE DROIT DE SÉPARATION DES PATRIMOINES.

Nous devons rechercher d'abord quels sont ceux que la loi a entendu protéger au moyen du bénéfice de séparation des patrimoines et qui peuvent l'invoquer. — C'est spécialement en vue de mettre les créanciers et les légataires du défunt à l'abri des conséquences désastreuses qui pourraient résulter pour eux de l'insolvabilité de l'héritier, que l'institution de la séparation des patrimoines, dégagée de la théorie générale des applications diverses qu'elle recevait en droit romain, s'est perpétuée dans notre ancienne jurisprudence et a été maintenue par le droit intermédiaire, et enfin par le Code civil (1). La loi accorde indistinctement ce bénéfice à tous ceux qui ont des droits à faire valoir contre les biens de la succession. Ainsi que nous le disions tout à l'heure, le principe sur lequel cette institution repose est toujours resté le même. En contractant avec le défunt, les créanciers héréditaires ont mis en lui seul leur confiance; ils savaient quel crédit ils pouvaient lui accorder; mais ils ne pouvaient prévoir qu'il aurait un jour un hé-

(1) Art. 878 et 2111.

ritier insolvable ; ils ne connaissaient point celui-ci et n'ont point traité avec lui. Ils comptàient sur le patrimoine de leur débiteur primitif pour garantir leurs droits et assurer le paiement de leurs créances ; et il serait inique, par suite d'un fait complétement indépendant de leur volonté, de leur enlever, soit une partie, soit même la totalité des biens qui leur servaient de gage et de les forcer à avoir désormais pour débiteur un héritier obéré, sans leur offrir aucune espèce de protection contre les dangers qu'ils courent et les pertes dont ils sont menacés (1). — D'un autre côté, en succédant à tous les droits du défunt, l'héritier ne recueille évidemment ses biens que sous la déduction des charges auxquelles ils sont affectés et sous l'obligation de payer les dettes et les legs qui les grèvent : c'est l'application de la maxime : *Bona non intelliguntur, nisi deducto ære alieno* (2) ; la séparation des patrimoines a pour but d'assurer le paiement des créanciers et des légataires de la succession, sur l'actif dont elle se compose, préférablement aux créanciers personnels de l'héritier ; ce qui est encore de toute justice, puisque ces créanciers ne sauraient avoir sur le patrimoine du défunt des droits plus étendus que ceux de leur débiteur lui-même (3).

L'utilité du bénéfice de séparation des patrimoines apparaît surtout à l'égard des créanciers héréditaires qui sont simplement chirographaires ; c'est leur seule qualité

(1) Dig. de Separat., loi 1, § 1, Ulp. M. Blondeau, *Traité de la séparation des patrimoines*, p. 476.

(2) Paul, loi 30, § 1, Dig. de Verbor. signific.

(3) Pothier. *Traité des success.*, chap. V, art. 4, *de la Séparat. des patrim.*; *Introduct. au tit. des success.*, nᵒ 127. — Toullier, t. 4, nᵒ 538. — M. Duranton, t. 7, nᵒ 405.

de créanciers, ainsi que le disait Domat (1), qui leur
confère le droit de le réclamer. Sans ce droit qui leur est
accordé, n'étant garantis par aucune sûreté spéciale, ils
seraient exposés, lorsque l'héritier est insolvable, à voir
s'évanouir le gage commun qu'ils avaient sur les biens
de leur débiteur primitif, soit au moins en partie, puisque,
par l'effet de la confusion des deux patrimoines du défunt
et de l'héritier, ils ne fussent plus venus que par contribution et en concurrence avec les créanciers personnels
de celui-ci, sur le prix des choses héréditaires qui eussen t
pu suffire, s'ils eussent été seuls, pour les désintéresser
intégralement ; — soit même quelquefois en totalité, dans
le cas où les créanciers de l'héritier se hâteraient d'obtenir de lui des hypothèques qui pourraient primer complétement les créanciers du défunt sur les biens provenant de la succession.

Mais si, dans ces hypothèses, l'utilité du bénéfice
de séparation des patrimoines est évidente pour les
créanciers chirographaires du défunt, à l'effet de les
protéger contre le mauvais état des affaires de l'héritier,
la même utilité peut exister aussi pour les créanciers hypothécaires eux-mêmes. Nous avons précédemment constaté qu'il y avait sur ce point controverse entre nos
anciens auteurs. Pothier niait que les créanciers hypothécaires du défunt pussent avoir besoin de réclamer
le bénéfice de séparation des patrimoines, alors que tous
les biens dont la succession se composait étaient susceptibles d'hypothèque, parce que, l'héritier ne les recueillant
qu'avec les charges qui les grevaient et dans la condition

(1) Lois civiles, *de la Séparation*, sect. 1, nº 2.

où ils se trouvaient au moment où ils lui ont été transmis,
les hypothèques qui pouvaient venir frapper ces mêmes
biens de son chef au profit de ses propres créanciers, ne
pouvaient jamais, dans aucun cas, primer celles qui
avaient été consenties au profit des créan iers du défunt,
qui devaient toujours être colloqués les premiers (1).
Cependant, on admettait que les créanciers hypothécaires
pussent avoir eux-mêmes intérêt à user du secours de la
séparation des patrimoines ; et nous savons dans quelle
hypothèse Lebrun se plaçait pour montrer cet intérêt
et pour expliquer comment il se pouvait faire que les créanciers ne fussent pas suffisamment protégés par la garantie
hypothécaire dont ils étaient munis. Il était possible, en
effet, que l'héritier se fût engagé vis-à-vis de ses créanciers personnels sous l'affectation expresse de tous ses
biens présents et à venir à la sûreté de leurs droits; l'hypothèque consentie postérieurement aux créanciers héréditaires par leur débiteur primitif serait évidemment primée par l'hypothèque des premiers, par suite de la confusion des deux patrimoines de l'héritier et du défunt, si
les créanciers de celui-ci n'avaient le soin de les faire
séparer (2). Nous avons ajouté, au surplus, que les cas où
l'institution de la séparation pouvait recevoir son application et présenter de l'utilité se trouvaient restreints par
suite du régime hypothécaire alors en vigueur, par suite
de la généralité et du défaut de publicité des hypothèques,
dont le rang se déterminait, sans aucune condition d'in-

(1) Pothier, édit. de M. Bugnet, tom. VIII, pag. 219.

(2) Lebrun, *Traité des successions*, liv. IV, chap. II, sect. 1, n° 12. — Voir
Merlin, *Répertoire*, Séparation de patrimoines, § II, n° 4.

scription, par la seule date des actes notariés qui les
constituaient, par suite enfin des règles qui étaient adoptées dans le ressort de certains parlements et d'après lesquelles les meubles eux-mêmes étaient susceptibles d'hy·
pothèques, ou bien encore les simples créanciers chirographaires étaient, à l'instar des légataires, réputés avoir
acquis une hypothèque sur les biens de leur débiteur,
à partir du jour de son décès. De nos jours, depuis l.,
proclamation du principe de la spécialité et de la publicité de l'hypothèque, l'utilité pour les créanciers hypothécaires de la succession de demander la séparation des
biens dont elle se compose est facile à apercevoir : il peut
arriver que l'hypothèque consentie par le défunt à son
créancier soit loin d'être suffisante pour son paiement intégral; ou bien encore ce créancier héréditaire n'a point
fait inscrire son hypothèque; et, au moment de la mort du
débiteur, le biens de celui-ci se trouvent frappés du chef
de l'héritier, soit d'hypothèques légales, soit d'hypothèques judiciaires, soit même encore d'hypothèques conventionnelles, inscrites depuis l'ouverture de la succession, mais avant que l'hypothèque du créancier du défunt
le soit elle-même (1). On ne saurait, dans ces différentes
hypothèses, contester, ainsi que le faisait Pothier, l'utilité
pour le créancier hypothécaire du défunt de réclamer le
bénéfice de la séparation des patrimoines (qui, en faisant
cesser la confusion, en fera disparaître aussi les effets), et
on est d'accord aujourd'hui pour lui laisser cette res-

______

(1) A ces hypothèses on peut encore ajouter celle où les créanciers personnels de l'héritier jouiraient de l'un des priviléges généraux énumérés dans
l'art. 2101, Cod. Nap.

source, que la loi a établie indistinctement en faveur de tous les créanciers héréditaires, et sans laquelle il serait réduit à une condition moins favorable que celle d'un simple créancier chirographaire (1).

Quant aux créanciers du défunt munis d'un privilége, il apparaît bien aussi qu'ils peuvent avoir intérêt à demander la séparation du patrimoine héréditaire, soit parce que le bien spécialement affecté à leur sûreté est insuffisant pour les désintéresser intégralement, soit même, à la rigueur, dans le cas où le gage que leur confère leur privilége est général et porte sur tous les biens du débiteur, parce qu'ils peuvent être primés par des créanciers personnels de l'héritier, dont la qualité est préférable à la leur (2).

Le droit des créanciers du défunt peut n'être point actuellement exigible, se trouver momentanément retardé jusqu'à l'arrivée d'un terme ou suspendu jusqu'à l'événement d'une condition. Nous avons vu les difficultés qui se présentaient sur ce point en droit romain, relativement au droit pour les créanciers conditionnels de demander l'envoi en possession des biens de leur débiteur, préliminaire indispensable de la demande en séparation des patrimoines; et nous avons vu aussi que l'on décidait que les créanciers et les légataires à terme ou conditionnels pouvaient user de ce bénéfice tout aussi bien que ceux dont la créance ou le legs était pur et simple. La même décision, adoptée sans contestation dans notre ancienne

(1) Voir Dufresne, *Traité de la séparation des patrim.*, n° 10. — Zachariæ, 1844, édit. de MM. Aubry et Rau, t, IV, p. 317. — M. Dalloz, *Répertoire*, Succession, n° 1396.

(2) Art. 2101. — M. Mourlon, Cod. Nap., t. III, p. 516.

jurisprudence, doit aussi être suivie sans aucun doute dans notre législation, puisque nous savons que l'article 878 ne fait aucune distinction entre les différents créanciers du défunt, qu'il leur accorde à tous, sans exception et « dans tous les cas, » le droit de réclamer la séparation de son patrimoine, et que d'ailleurs le législateur a entendu sur cette matière se référer aux règles de l'ancien droit. On ne saurait en effet refuser aux créanciers conditionnels la qualité de créanciers, sous la chance d'un événement futur et incertain, et la loi leur reconnaît elle-même cette qualité en leur accordant la faculté de faire tous les actes conservatoires de leurs droits (1). — Nous rencontrons maintenant différentes hypothèses particulières dont nous allons étudier les détails et que nous avons déjà signalées en droit romain, et dans lesquelles les créanciers hérédi-taires conservent le droit d'user du bénéfice de sépara-tion des patrimoines, malgré quelques raisons spécieuses qui pourraient en faire douter.

Ainsi, lorsqu'un créancier du défunt devient son hé-ritier pour partie, il peut demander la séparation de son patrimoine, en ce qui concerne les portions de la dette qui incombent à ses cohéritiers ; en effet, la confusion, et par suite l'extinction de la créance, ne s'opèrent en lui que pour la part dont il est personnellement tenu en qua-lité d'héritier (2).

Dans le cas où le créancier a exigé que son débiteur lui fournisse une caution pour la garantie de ses droits, si

____

(1) Art. 1180, Cod. Nap. — M. Duranton, t. VII, n° 471. — Dufresne, n° 22. — M. Dalloz, *Success.*, n° 1308. — M. Marcadé, art. 880, 1.
(2) Code de Justin., loi VII, De bonis auct., jud. possid. — M. Duranton, tom. VII, n° 472.

celle-ci vient à mourir laissant le débiteur principal pour
son héritier, le cautionnement se trouve éteint par la confusion dans la même personne de l'obligation principale
et de l'obligation accessoire ; car on ne saurait être à la
fois débiteur et sa propre caution. Mais cette confusion
ne doit pas avoir pour conséquence de faire perdre au
créancier les sûretés qui résultaient pour lui du cautionnement ; bien que celui-ci soit absorbé par la dette elle-
même, le créancier n'en conserverait pas moins le
droit d'agir contre la caution de la caution , s'il
avait exigé que celle-ci lui en fournit une à son tour (1) ;
de même il conserve le droit de demander la séparation
du patrimoine qui appartenait à la caution, et qui, de son
vivant, était le gage de sa créance : la séparation a été
précisément créée dans le but de faire cesser la confusion
produite par la transmission des biens par décès, de remédier à ses effets, de rétablir les choses comme si elle
n'avait pas eu lieu ; et l'utilité de ce bénéfice est surtout
manifeste à l'égard des droits incorporels qui s'éteignent
ipso jure par la confusion, en passant de la personne du
défunt à celle de l'héritier (2).

A plus forte raison, la même décision doit encore
s'appliquer dans l'hypothèse inverse, c'est-à-dire lorsque
c'est la caution qui succède au débiteur principal. En
effet, si la confusion des deux qualités en la même personne éteint l'un des deux engagements, ce doit être sans
aucun doute l'obligation accessoire ; quant à l'obligation
principale, elle n'en saurait être altérée ; elle continue de

(1) Art. 2035, Cod. civ.
(2) Dig. de Separat., loi 3, Papin. — M. Dufresne, n° 14.

subsister avec ses effets et les sûretés qui garantissent les droits du créancier (1).

Il peut se faire que deux successions, dont l'une est débitrice de l'autre, soient échues à la même personne; ainsi, un fils se trouve en même temps avoir hérité de son père et de sa mère, qui était créancière du premier ou de sa succession pour ses reprises matrimoniales. Les créanciers de la mère, en demandant la séparation du patrimoine de celle-ci, peuvent y faire comprendre, et en conséquence exercer à leur profit les droits que leur débitrice avait contre le père ou contre sa succession. Il est vrai que le fils étant devenu à la fois créancier et débiteur de ces mêmes droits, l'obligation se trouve éteinte par confusion; mais nous savons que c'est justement en vue de faire supposer que cette confusion n'a pas eu lieu, que la séparation des patrimoines a été établie : les créanciers de la mère viendront alors exercer ses reprises sur les biens de la succession du père, de la même manière qu'elle y serait venue elle-même si elle ne fût pas décédée (2).

S'il y a eu plusieurs transmissions successives de biens par décès, par exemple, si un fils, après avoir recueilli la succession de son père, vient lui-même à mourir, et de même si les propres héritiers du fils transmettent ensuite à leur tour les biens à leurs héritiers, de telle sorte que la première succession et les suivantes se trouvent actuellement réunies et confondues ensemble

(1) Domat, *De la separat.*, sect. 1re.

(2) Duranton, tom. VII, n. 473. — Delvincourt, tom. II, pag. 384, notes sur la pag. 57. — D'Héricourt, *De la vente par decret*, chap. II, sect. 11.

dans les mains des derniers héritiers auxquels elles sont échues, le droit de demander la séparation des patrimoines appartient toujours aux créanciers de chaque succession; nous ne pouvons que répéter ici que le but de la séparation est de faire considérer la confusion des patrimoines comme non avenue, d'en réparer les résultats et d'en empêcher les effets ; mais il faut observer en même temps qu'on doit laisser aux divers créanciers qui veulent se prévaloir du bénéfice de séparation la situation respective qu'ils ont les uns vis-à-vis des autres : ainsi les créanciers du père et ceux du fils pourront demander la séparation du patrimoine du fils pour être payés sur le prix qui en proviendra préférablement aux créanciers personnels de l'héritier de ce dernier ; mais les créanciers du père pourront demander la séparation des biens qui ont appartenu à leur débiteur primitif, pour qu'ils soient vendus à leur profit exclusif et qu'ils servent à les désintéresser préférablement aux propres créanciers du fils, car ceux-ci, dans leurs rapports avec eux, doivent être considérés comme des créanciers de l'héritier, tandis qu'ils sont eux-mêmes des créanciers héréditaires, ayant droit en cette qualité au bénéfice de séparation des patrimoines à l'encontre des premiers (1).

Les legs sont des charges de la succession ; ce sont de véritables dettes qui, bien qu'elles n'aient jamais obligé le défunt lui-même, sont cependant imposées par sa volonté à ses héritiers et prennent naissance à partir de son décès. Le droit romain mettait les actions des

____

(1) Dig. de Separat., loi 1, § 8, Ulp. — M. Dufresne, n. 17.

légataires au nombre des actions héréditaires (1), et, assimilant à cet égard les légataires aux créanciers, il accordait aux premiers tout aussi bien qu'aux seconds le droit de demander la séparation du patrimoine du défunt (2). La même faculté existait également à leur profit dans notre ancienne jurisprudence (3), et elle a dû leur être maintenue par la législation du Code civil. L'article 878, il est vrai, ne parle que des créanciers de la succession et non des légataires institués par le testateur ; mais, outre qu'il est également juste que l'héritier (et partant ses créanciers) ne profite des biens qui lui sont transmis que sous la déduction des charges qui les grèvent, des legs qu'il doit acquitter et qui sont une portion même de la succession qu'il a recueillie ; outre que l'on peut comprendre, ainsi que nous le disions, les légataires sous l'expression générique de créanciers dont se sert l'article 878, puisqu'ils sont véritablement créanciers de l'hérédité, la loi elle-même a levé toute espèce de doute sur ce point ; et l'article 2111, qui, se référant à l'article 878, introduit à l'égard du bénéfice de séparation une nouvelle condition de publicité et d'inscription, dit en termes exprès que les créanciers et les légataires ont le droit de demander la séparation du patrimoine du défunt (4).

Le droit de demander la séparation du patrimoine du défunt résultant de la seule qualité de créancier de la

<hr>

(1) Dig. loi 40, Paul, de Obligat. et action.

(2) Dig. loi 6, de Separat., Julian.

(3) Voir Domat, Lois civiles, *de la Séparat.*, sect. 1.

(4) M. Duranton, t. VII, n° 475 ; — M. Demante, *Cours analytique*, t. III, n° 219.

succession, et appartenant aux légataires aussi bien qu'aux créanciers proprement dits, il faut admettre que les premiers peuvent en user de la même façon que les seconds, c'est-à-dire *dans tous les cas* (1), quelles que soient la nature et la forme du titre qu'ils invoquent, que le testament en vertu duquel ils se présentent soit authentique ou simplement olographe, que le legs qui leur a été fait soit pur et simple ou bien qu'il soit soumis à certaines modalités, de même que les créanciers héréditaires peuvent demander la séparation des biens de leur débiteur primitif, même en vertu d'un titre sous seing privé ou lorsque leur créance est à terme ou conditionnelle (2).

Indépendamment de la garantie que les légataires trouvent dans le bénéfice de séparation des patrimoines

(1) Art. 878, Cod. Nap.

(2) Voir Zachariæ, tom. IV, pag. 316 et note 2. — M. Dufresne, n. 21. — Le légataire n'acquiert qu'un simple droit de créance, lorsque la chose qui lui a été léguée à titre particulier n'est point individuellement déterminée, par exemple, tant de mesures de blé, telle somme d'argent; quand, au contraire, la chose léguée est un corps certain, le légataire en devient propriétaire au moment du décès du testateur (art. 1014); les légataires universels et à titre universel sont également saisis de la propriété des biens compris dans leurs legs à partir du même moment; propriétaires en vertu du testament qui les a institués (art. 711), ils peuvent donc revendiquer, les uns et les autres, les objets auxquels s'applique leur droit de propriété. Il est possible cependant qu'ils aient aussi intérêt à réclamer le bénéfice de séparation des patrimoines : ainsi le legs, soit à titre particulier, soit universel ou à titre universel, est fait sous une condition suspensive; la propriété n'est alors acquise au légataire qu'au moment où la condition s'accomplit (art. 1040); et celui-ci, pour conserver son droit purement éventuel à la propriété, a intérêt à demander la séparation des patrimoines; de même, le légataire particulier d'une chose déterminée individuellement, quoiqu'il en acquière la propriété, n'a droit aux fruits qu'elle produit qu'à partir de sa demande en délivrance (art. 1015); la séparation des patrimoines peut donc avoir pour lui l'utilité de lui assurer la restitution des fruits de la chose léguée, dans le cas où ils existeraient encore en nature, etc. (Voir M. Dufresne, n. 10 et 20.)

pour obtenir le paiement de ce qui leur a été légué par le défunt, la loi leur accorde une hypothèque sur les biens de la succession (1). Nous savons que la création de cette hypothèque légale au profit des légataires est due à Justinien (2). Cette prérogative, qui n'appartient qu'à eux seuls et qui n'existe point en faveur des créanciers du débiteur, lorsque celui-ci vient à décéder, est fondée d'une part sur le caractère sacré des legs qui émanent de la volonté des mourants; d'autre part sur cette considération que les légataires seraient par eux-mêmes dans l'impuissance de protéger leurs droits contre les héritiers, sans le secours qu'ils tirent de la loi, tandis que les créanciers pouvaient mettre les leurs à l'abri de toute atteinte en stipulant des sûretés particulières de leur débiteur. En même temps qu'il maintient aux légataires ce moyen énergique de protection, l'art 1017 leur confère la faculté d'agir contre chacun des héritiers du testateur hypothécairement « pour le tout, » c'est-à-dire au delà de la contribution personnelle qui leur incombe, et jusqu'à concurrence de la valeur des immeubles de la succession dont ils sont détenteurs; bien que, cependant, l'obligation de payer les legs se divise entre eux de plein droit. En reproduisant sur ce point la décision qui avait fini par prévaloir dans notre ancienne jurisprudence, le Code n'a fait, après tout, que de maintenir une fausse application du principe de l'indivisibilité de l'hypothèque; car, si ce caractère de l'hypothèque d'être indivisible a pour but d'affecter le bien qui en est grevé jusqu'à parfait paiement

(1) Art. 1017, Cod. Nap.
(2) Loi 1, Cod., Communia de legatis.

de la dette qu'elle garantit, qui ne voit ici que l'obligation de payer les legs ne prenant naissance qu'au moment de la mort du testateur et se divisant de plein droit à ce moment entre les divers héritiers qui recueillent la succession, les légataires ont à l'origine, non pas une seule créance, mais bien autant de créances qu'il y a de cohéritiers? Aussi, Justinien, en établissant l'hypothèque légale des légataires, ne leur accordait-il le droit de poursuivre, par l'action qui en résultait, les héritiers de la succession que dans les limites de l'action personnelle qu'ils avaient contre eux (1) ; et Pothier s'était-il efforcé de justifier les motifs de cette disposition et de la maintenir dans notre ancienne jurisprudence (2).

Quoi qu'il en soit aujourd'hui, malgré l'étendue qu'elle a reçue et telle qu'elle existe d'après les règles de notre Code, l'action hypothécaires des légataires doit avoir, à côté du bénéfice de séparation des patrimoines qui leur appartient également, son utilité particulière. Quelques personnes pensent cependant que ces deux garanties s'identifient l'une avec l'autre, qu'il n'y a point là deux droits distincts, mais que le premier est absorbé par le second et se confond avec lui (3). Sans nous expliquer plus longuement dès maintenant sur la question de savoir si le bénéfice de séparation des patrimoines est devenu dans notre droit un véritable privilége, et sans entrer dans le détail de toutes les autres difficultés qui peuvent se pré

(1) In omnibus autem hujusmodi casibus in tantum, et hypothecaria unumquemque conveniri volumus, in quantum personalis actio adversus eum competit. Loi 1, Code, Communia de legatis.

(2) *Introduction au titre des testaments*, n. 107.

(3) M. Grenier, *Des hypothèques*, II, 421.

senter sur ce point, nous pouvons dès à présent con-
stater qu'il existe une distinction entre l'hypothèque légale des légataires et le bénéfice de séparation dont ils
peuvent user, et qu'ils retirent de ces deux droits des
avantages spéciaux.

La distinction, en effet, est facile à faire : ainsi, le
droit de préférence que confère la séparation des patrimoines a plus d'étendue que l'hypothèque, puisqu'il
porte à la fois sur les meubles et les immeubles de la
succession, et que celle-ci n'atteint évidemment que les
immeubles; l'hypothèque, ne prenant date que du jour
du décès du testateur et n'ayant son rang qu'à partir de
son inscription, serait exposée à être primée par les hypothèques légales ou judiciaires, obtenues ou inscrites
par les créanciers de l'héritier avant ce décès ou cette
inscription; le bénéfice de séparation, en faisant supposer que la confusion des deux patrimoines du défunt et
de l'héritier n'a pas eu lieu, affranchit les biens du premier des hypothèques qui ont pu venir les frapper du
chef du second au profit de ses propres créanciers; d'un
autre côté, alors même que les légataires ont accepté
l'héritier pour débiteur, et qu'ils ont ainsi perdu le droit
de demander la séparation du patrimoine du défunt,
leur hypothèque légale subsiste toujours à leur profit et
leur permet d'être payés sur les biens héréditaires qu'elle
affecte, préférablement aux autres créanciers de l'héritier (1).

En effet, lorsque les créanciers, et par conséquent les
légataires qui leur sont assimilés relativement au droit

____

(1) Voir M. Cabantous, *Revue de législation*, 1836, p. 39 et suiv.

de demander la séparation du patrimoine héréditaire, veulent user de ce bénéfice, c'est en qualité de créanciers de la succession qu'ils se présentent; ils demandent à être payés comme si le défunt vivait encore, préférablement aux créanciers personnels de l'héritier, comme si les biens de leur débiteur n'avaient point été confondus dans les mains de ce dernier avec les siens propres. On comprend dès lors qu'ils ne peuvent invoquer le droit de séparation qu'autant qu'ils sont restés créanciers de la succession, et n'ont pas abdiqué cette qualité en acceptant désormais l'héritier pour leur débiteur (1). Cette renonciation de leur part, la déchéance qui en résulte pour eux, peuvent être produites par une novation expresse, emportant substitution d'une nouvelle dette à l'ancienne, qui se trouve ainsi éteinte et tombe avec les sûretés accessoires qui y étaient attachées (2). Une pareille convention, qui a tous les effets du paiement et qui lui est assimilée, ne se présume point et doit être clairement établie (3); et si elle était intervenue entre l'héritier et les créanciers du défunt, elle aurait fait perdre sans aucun doute à ceux-ci le droit de se prévaloir ultérieurement du bénéfice de séparation des patrimoines. Mais, dans notre matière, le mot de novation est détourné de sa signification propre et véritable; la novation est ici d'une nature toute spéciale; l'héritier, par l'effet de la transmission des biens par décès, continue la personne du débiteur primitif, et de-

<hr>

(1) Art. 879, Cod. Nap.
(2) Art. 1278, id.
(3) Art. 1273, id.

vient lui-même débiteur de plein droit, sans qu'il soit besoin d'aucune acceptation de la part du créancier du défunt; mais celui-ci pouvait conserver la succession pour sa seule débitrice; en prenant désormais l'héritier pour son débiteur, cette acceptation qu'il fait, qualifiée par la loi de novation en la matière, emporte de sa part renonciation au bénéfice de séparation des patrimoines, bien que cependant il doive conserver les hypothèques ou autres garanties accessoires de sa créance. L'acceptation peut être formelle et expresse; et alors aucune difficulté ne se présente; elle peut aussi résulter de certains faits qui indiquent que le créancier du défunt a entendu suivre la foi de l'héritier et l'accepter pour son débiteur. Ces faits doivent être laissés à l'appréciation des tribunaux (1).

En instituant le bénéfice de séparation des patrimoines, le préteur romain s'était proposé d'offrir aux créanciers et aux légataires du défunt une garantie contre les dangers de l'insolvabilité de l'héritier; mais il n'avait point pensé qu'il y eût lieu d'accorder le même avantage aux créanciers personnels de celui-ci : c'était à eux à prendre des sûretés particulières contre leur débiteur au moment où ils ont traité avec lui; il est resté le maître, en effet, de contracter par la suite, de s'obliger en acceptant une succession, aussi bien que de toute autre manière (2). Nous avons vu que, malgré les efforts de Lebrun et de Pothier pour maintenir ces principes, la

(1) Voir Marcadé, art. 897, II. — M. Demante, tom. III, p. 343 et suiv.— M. Dalloz, S   cess., n. 1418 et suiv.

(2) Dig. de Separat., loi 1, § 2, Ulp.

pratique de notre ancienne jurisprudence française s'en était écartée, et que, par un motif de réciprocité, l'on décidait que les créanciers de l'héritier pouvaient demander la séparation de son patrimoine, de la même façon que les créanciers du défunt pouvaient faire séparer à leur profit exclusif les biens de leur débiteur primitif (1). L'article 881 du Code Napoléon a mis un terme à ces anciennes controverses; et, revenant à la règle du droit romain, il décide que les créanciers de l'héritier ne sont point admis à user du bénéfice de séparation des patrimoines. Toutefois, nous avons vu aussi que, d'après la législation romaine, si l'héritier avait accepté une succession notoirement mauvaise en vue de frauder ses propres créanciers, le préteur pouvait leur accorder un secours extraordinaire à l'effet de les soustraire au préjudice dont ils étaient menacés (2).

La même décision doit encore être suivie aujourd'hui. C'est ainsi que, lorsque l'héritier vient à renoncer à une succession qui lui était échue, ses créanciers, auxquels cette renonciation préjudicie, peuvent se faire autoriser à l'accepter du chef de leur débiteur en son lieu et place (3) : solution qui ne pouvait être admise en droit romain, par suite de la règle que l'action *Paulienne* ne s'applique qu'aux actes par lesquels le débiteur diminue son patrimoine, et non à ceux par lesquels il manque seulement de s'enrichir (4). A Rome, les créanciers ne

(1) Voir M. Dufresne, n. 25.

(2) Dig. de Separat., loi 1, § 5, Ulp.

(3) Art. 788, Cod. Nap.

(4) Dig. Quæ in fraud. credit., loi e, § 2, Ulp. — Loi 28, Paul, de Verb. signif.

pouvaient faire annuler la renonciation de leur débiteur à la succession, parce que l'héritier, n'acquérant que par l'*adition d'hérédité* la propriété des biens qui la composaient, négligeait simplement, en la répudiant, d'augmenter son patrimoine ; ils le peuvent au contraire chez nous, parce que l'héritier étant *saisi* de plein droit, au moment de l'ouverture de la succession, de la propriété des biens qu'elle comprend, diminue réellement son patrimoine en y renonçant. Le Code devait donc s'expliquer sur ce point ; mais on ne saurait tirer un argument *à contrario* de la disposition de l'article 788 et dire que, puisque la loi n'accorde aux créanciers que la faculté d'attaquer la renonciation faite par leur débiteur à la succession qui lui était échue, elle leur refuse par là même le droit de faire annuler l'acceptation qu'il en a faite (1). Les créanciers de l'héritier trouvent en effet dans la règle générale de l'article 1167 (qui leur permet de faire annuler tous les actes faits par leur débiteur en fraude de leurs droits) la faculté de faire briser l'acceptation frauduleuse qui diminue le gage de leurs créances ; il faudra se conformer sur ce point aux principes qui régissent l'exercice de l'action Paulienne (2), qui, du reste,

(1) M. Chabot, art, 881, n. 2.

(2) Des difficultés s'élèvent sur la question de savoir si les créanciers qui attaquent par l'action Paulienne les actes faits par leur débiteur, doivent toujours prouver, non-seulement le préjudice que cet acte leur cause, mais encore la fraude de leur débiteur, c'est-à-dire la connaissance qu'il avait que l'acte qu'il faisait devait leur nuire. Lorsque cet acte a été fait à titre onéreux, l'action révocatoire n'est admise que lorsque le tiers qui a contracté à titre onéreux avec le débiteur a été complice de la fraude du débiteur ; car si ce tiers était de bonne foi, luttant, comme les créanciers qui attaquent l'acte du débiteur, *de damno vitando*, et ayant en outre l'avantage de la possession, il doit leur être préféré, par application de la règle : *In pari causa*

ne laissera pas dans l'espèce d'être difficile à admettre, parce que, ainsi que le disait Lebrun, rien n'est moins suspect que de conserver une hérédité déférée par la loi, et que l'acceptation d'une succession même grevée de dettes a lieu le plus souvent pour honorer la mémoire du défunt, sans aucune intention frauduleuse (1).

§ III.

DE LA NATURE ET DE LA MISE EN ŒUVRE DU DROIT DE SÉPARATION DES PATRIMOINES.

Nous avons étudié le caractère du droit de séparation des patrimoines en droit romain, et nous savons dans quelles circonstances il se présentait. Se rattachant aux poursuites en expropriation dirigées contre le débiteur, il intervenait avant que la vente de son patrimoine n'ait encore eu lieu : les créanciers du défunt demandaient que l'on procédât séparément et à leur profit exclusif à l'adjudication des biens qui avaient appartenu à leur débiteur primitif, tandis que les biens propres de l'héritier seraient vendus au profit de ses créanciers personnels, comme si ce fussent encore deux patrimoines distincts. Cette procédure, qui enlevait au débiteur d'abord l'ad-

---

melior est causa possidentis ; mais si ce tiers a contracté à titre gratuit, comme alors il lutterait *de lucro captando,* et comme personne ne doit s'enrichir aux dépens d'autrui, sa bonne foi ne doit pas faire obstacle à l'action révocatoire des créanciers (art. 1167, 622, 788, 1053, 1447 et 1464). Dans notre espèce, l'acceptation faite par l'héritier de la succession emportant avec l'acquisition des biens dont elle se compose l'obligation d'en payer les dettes, on peut dire que, vis-à-vis des créanciers héréditaires, elle est un acte à titre onéreux ; les créanciers personnels de l'héritier, en l'attaquant, devraient donc prouver et la fraude de leur débiteur et la participation des créanciers héréditaires à cette fraude. (M. Dufresne, p. 20.)

(1) Lebrun, *Traité des success.,* liv. IV, chap. II, n. 20. — M. Duranton, tom. VII, n. 503. — M. Marcadé, art. 788, III, art. 881, I.

ministration, puis enfin la propriété de ses biens, opérait à son égard un dessaisissement analogue à celui qui a lieu encore de nos jours en cas de faillite (1). L'envoi en possession qui en était le préliminaire profitait à tous les créanciers, et la séparation des patrimoines qui s'y rattachait (et dont quelques-uns seulement des créanciers du défunt pouvaient vouloir user, tandis que les autres consentaient à accepter l'héritier pour leur débiteur) était une mesure générale et collective qui ne s'appliquait pas seulement à telle ou telle chose de la succession, mais qui comprenait l'ensemble des biens héréditaires, vendus par masse sur la personne de l'héritier, comme si le débiteur primitif vivait encore.

En retrouvant la séparation des patrimoines dans notre ancienne jurisprudence, nous avons vu, d'après les espèces rapportées par les auteurs, qu'elle pouvait être invoquée de plein droit par les créanciers ou par les légataires du défunt, et qu'elle était devenue désormais une mesure s'appliquant aux biens de la succession pris individuellement (2).

Ce même caractère a dû lui rester sous l'empire du Code civil; mais le silence que le législateur n'a cessé de garder sur la matière de la séparation des patrimoines laisse bien des doutes sur la véritable nature et sur les conditions de mise en œuvre de ce droit (3).

(1) Art. 443, Cod. comm. — M. Bonjean, *Traité des actions*, tom. II, p. 552 et suiv., aux notes.

(2) Voir Bacquet, *Traité des droits de justice*, n. 21, in fine. — Lebrun, *Traité des success.*, liv. IV, chap. 2, sect. 1, n. 24.

(3) La séparation des patrimoines suppose naturellement un conflit à régler entre les créanciers de la succession et ceux de l'héritier; il faut donc, pour les premiers, la *demander* (art. 878); il faut qu'un jugement termine ces dif-

La séparation s'applique aux meubles et aux immeubles dont la succession se compose (1) ; c'est le plus souvent par voie d'exception qu'elle se présentera : les créanciers héréditaires l'invoqueront contre les créanciers de l'héritier qui demanderaient à être colloqués en concours avec eux sur le prix provenant de la vente des biens ayant appartenu au défunt (2). Ainsi la séparation peut être demandée relativement à tel ou tel bien de la succession et non à l'égard de tel autre ; les créanciers du défunt peuvent se prévaloir de ce droit à l'égard d'un des cohéritiers de leur débiteur, parce que celui-ci leur paraît insolvable, tandis qu'ayant confiance dans l'état de solvabilité des autres cohéritiers, ils peuvent vouloir les accepter pour leurs débiteurs ; enfin, les créanciers héréditaires peuvent n'user du bénéfice de séparation des patrimoines que contre l'un des créanciers de l'héritier et non contre les autres, soit parce que les créances de ces derniers sont d'une importance minime, ou bien encore parce qu'elles leur paraissent dignes d'une plus grande faveur. Les

ficultés ; et, comme tout jugement, celui qui prononce la séparation des patrimoines sur la demande formée dans ce but, n'a d'effet qu'à l'égard de ceux qui l'ont obtenu et contre lesquels il a été obtenu (art. 1351). La séparation est de droit, en ce sens qu'un décret du préteur n'est plus nécessaire pour l'obtenir, qu'il n'est plus besoin non plus, comme pendant quelque temps dans notre ancienne jurisprudence, de se munir de lettres de chancellerie pour la demander ; mais si toutes les conditions exigées par la loi sont remplies, le juge devra nécessairement la prononcer (M. Dufresne, n. 34 ; MM. Aubry et Rau, sur Zachariæ, 1844, tom. IV, p. 310, note 11). Les effets du jugement doivent rétroagir au jour même de l'ouverture de la succession, puisqu'il s'agit de remettre les créanciers du défunt dans la condition où ils se trouveraient sans la confusion des deux patrimoines de leur débiteur et de son héritier (Zachariæ, même page, au texte).

(1) Art. 880).

(2) M. Dufresne, n. 58.

créanciers du défunt ne font ainsi qu'user comme ils l'entendent d'un droit que la loi leur confère, et qu'ils tiennent de leur seule qualité; la position du créancier de l'héritier contre lequel la séparation est demandée se trouve, au surplus, améliorée, puisque son débiteur est d'autant libéré par suite du concours de ses autres créanciers avec les créanciers du défunt sur les biens de la succession (1).

L'art. 878, en disant que les créanciers de la succession peuvent demander la séparation des patrimoines « contre tout créancier », ne fait que reproduire sur ce point une règle établie déjà par le droit romain (2) :

(1) Voir Zachariæ, tom. IV, p. 310 et 320 — Dufresne, n. 30. — M. Duranton, tom. VII, n. 467 et 468.

(2) *Sed etiam adversius fiscum et municipes impetraretur separatio* (Loi 1, § 4, Ulp. D'g. de Separat. — M. Duranton, n. 466). Il ne faudrait pas voir des exceptions à ce principe dans certains cas où des créanciers pourraient être préférés sur des biens de la succession aux créanciers du défunt, bien que celui-ci ne leur eût rien dû personnellement, par exemple, les créanciers pour frais faits par l'héritier pour la conservation ou la réparation des choses héréditaires et jouissant des priviléges de l'art. 2102-3° ou de l'art. 2103-4°, etc. Les sommes qui leur sont dues sont en réalité des charges de l'hérédité; et ces créanciers doivent, en matière de séparation des patrimoines, être assimilés à ceux, non de l'héritier, mais du défunt. (Voir M. Dufresne, n. 40; Zachariæ, 320, note 15.) Relativement aux droits dus à l'administration de l'enregistrement, pour la mutation des biens par décès, nous ne pouvons nous étendre ici sur la question, devenue fameuse, de savoir si l'État a, pour la perception de ces droits, un privilége sur les biens de la succession, c'est-à-dire, en d'autres termes, s'il peut les recouvrer à titre de simple créancier de l'héritier, ou, au contraire, comme ayant véritablement un privilége à exercer sur l'hérédité elle-même. Cette dernière doctrine, qui tendrait à lui reconnaître un droit de copropriété préexistante sur les biens du défunt, a été, dans ces derniers temps, condamnée par la Cour de cassation, qui, par ses arrêts du 23 juin 1857, a décidé que la régie n'avait, sur les capitaux de la succession, aucun privilége. L'art. 2098 du Code Nap. dispose, en effet, que le privilége du Trésor et l'ordre dans lequel il s'exerce, sont déterminés par les lois spéciales qui les concernent; les art. 29, 32 et 34 de la loi du 22 frimaire an VII, sur l'enregistrement, mettent à la charge des héritiers et des légataires les droits des déclarations des mutations par

Aucun créancier personnel de l'héritier, si favorables que
puissent être sa position et sa créance, ne pourra se
soustraire au droit de préférence résultant pour les créanciers héréditaires du bénéfice de séparation des patrimoines. Mais suit-il de cette disposition que ces derniers
doivent nécessairement exercer leur droit contre les
créanciers de l'héritier et qu'ils ne puissent point le faire
contre l'héritier lui-même? La loi leur permet d'user du
bénéfice qu'elle leur confère, *dans tous les cas,* c'est-
à-dire toutes les fois qu'ils y ont intérêt. Or, quelle
est l'utilité de la séparation des patrimoines ? C'est de
sauvegarder le gage que les créanciers du défunt avaient
sur les biens de leur débiteur primitif; c'est de les protéger contre l'insolvabilité de l'héritier : les dangers qu'ils
courent peuvent résulter soit de ce que celui-ci a un actif
complétement absorbé par son passif, soit même, alors
qu'il n'aurait pas de dettes, de ce qu'il est un dissipateur,
un mauvais administrateur prêt à dépenser follement les
biens de la succession. De plus, les créanciers personnels

décès; et, ce qui achève de démontrer que l'acquittement de ces droits est
bien une dette de l'héritier et non une dette de la succession, c'est qu'ils
varient suivant le degré de parenté qui unissait celui-ci au défunt. Mais la
loi du 22 frimaire n'attribue pour leur recouvrement, au Trésor public,
aucun privilége ou droit réel quelconque sur les biens à déclarer; seulement
l'art. 32 lui donne *action sur leurs revenus, en quelques mains qu'ils se
trouvent.* L'État ne jouit donc de ce droit que dans les limites que la loi
elle-même lui a assignées, et par conséquent c'est comme un simple créancier
chirographaire qu'il pourra venir en concours avec les créanciers de l'héritier sur son propre patrimoine et sur le patrimoine héréditaire confondus
ensemble dans ses mains. Mais, si cette confusion vient à cesser, si les
créanciers du défunt demandent la séparation des patrimoines, le Trésor
public ne pourra prétendre être payé avec eux sur les biens de la succession,
puisque ce n'est pas d'elle, mais de l'héritier qu'il est créancier, sauf l'exercice du droit que l'art. 32 lui confère sur les revenus. (Voir M. Gabriel Demante, Principes de l'enregistrement, nᵒˢ 671, 672 et 673; Caen, 17 dé-
cembre 1855; Cass., 23 juin 1857; Sirey, 1857, I, 401.)

de l'héritier, s'il en existe, peuvent être inconnus. Enfin
il peut se faire que les droits des créanciers du défunt
ne soient point actuellement exigibles, mais qu'ils soient
différés ou suspendus par l'existence d'un terme ou d'une
condition : nous savons qu'ils ont toujours le droit de demander la séparation des patrimoines, à titre de mesure
conservatoire. Mais cette faculté n'existe à l'égard des
meubles héréditaires que tant qu'ils peuvent être matériellement distingués du mobilier de l'héritier, tant qu'ils
n'ont pas été aliénés par ce dernier ; dans tous les cas, elle
ne peut être exercée que pendant trois ans (art. 880) (1).

La séparation des patrimoines doit alors pouvoir être
demandée, non plus incidemment à une demande en collocation sur le prix des biens de l'hérédité, mais bien directement et par voie d'action principale (2). Dans une
situation bien plus favorable à l'héritier que ne peut
l'être l'hypothèse où la séparation des patrimoines est
réclamée par les créanciers du défunt, alors que lui-même
a déclaré l'hérédité susspecte et qu'il n'a accepté la succession que sous bénéfice d'inventaire, la loi l'assujettit
cependant à fournir aux créanciers caution de la valeur
du mobilier ; et, à défaut de cette caution, les meubles
de la succession sont vendus et le prix en est déposé
à la caisse des dépôts et consignations pour être ensuite employé à l'acquit des charges de l'hérédité (3).
A plus forte raison, les créanciers à terme ou sous
condition qui veulent user du bénéfice de séparation

(1) M. Dalloz, *Success.*, n. 1411 ; M. Delvincourt, tom. II, p. 384, note 4 ;
M. Dufresne, n. 35.
(2) M. Dufresne, p. 65 ; Zachariæ, p. 320.
(3) Art. 807, Cod. Nap.

des patrimoines, peuvent-ils exiger de pareilles garanties de l'héritier, une semblable caution ou un semblable dépôt, puisque c'est de sa propre insolvabilité qu'ils se défient (1). Toutefois, comme l'existence de la condition rend le droit des créanciers héréditaires purement éventuel et complétement incertain, les créanciers personnels de l'héritier pourraient demander à être payés immédiatement sur les biens provenant de la succession, par préférence aux créanciers du défunt, sauf à donner valable caution de restituer plus tard la somme qu'ils auraient reçue, dans le cas où la condition stipulée viendrait à s'accomplir (2). — Nous avons dit déjà que, comme mesure conservatoire à l'égard du mobilier de la succession, les créanciers héréditaires peuvent requérir, au moment du décès, l'apposition des scellés, si elle n'a pas eu lieu, afin d'empêcher que l'héritier, saisi par la mort du défunt de la propriété des biens qui appartenaient à celui-ci, ne puisse immédiatement les aliéner, ce qui éteindrait pour eux le droit de séparation des patrimoines (3) ; dans tous les cas, ils peuvent assister à la levée des scellés (4), faire faire un inventaire au fur et à mesure de cette levée ; et ensuite, si leur droit est actuellement exigible, faire procéder à la vente du mobilier de la succession, de telle manière que, soit directement, soit par voie d'exception à une demande en collocation formée par les créanciers personnels de l'héritier, le prix

(1) M. Dufresne, n. 22 ; M. Blondeau, *Traité de la séparation des patrimoines*, p. 478, note 1.

(2) M. Duranton, tom VII, n. 471 ; M. Marcadé, art. 878, I.

(3) Art. 820, Cod. civ. ; art. 909, Cod. proc. civ.

(4) Art. 821, Cod. Nap.

provenant de cette vente leur soit exclusivement attribué (1).

Lorsque les biens de la succession et ceux de l'héritier sont compris dans une même saisie pratiquée sur ce dernier, les créanciers héréditaires doivent intervenir pour faire séparer les meubles du défunt à leur profit et s'en faire attribuer le prix préférablement aux créanciers personnels de l'héritier (2).

Les meubles incorporels du défunt ne sont point, comme ses meubles corporels, susceptibles d'une confusion matérielle avec le mobilier de l'héritier : les créanciers héréditaires peuvent former des saisies-arrêts entre les mains des débiteurs de la succession ; et, dans leur demande en validité de ces saisies-arrêts, ils conclueront à ce que les deniers arrêtés soient séparés à leur profit exclusif du patrimoine de l'héritier (3).

A l'égard des immeubles de la succession, la demande en séparation des patrimoines peut, aux termes de l'article 880 du Code Napoléon, être exercée tant qu'ils existent dans la main de l'héritier.

Toutefois, l'article 2111 du même Code soumet le droit de séparation qui, ainsi que nous le savons, avait été laissé par la loi du 11 brumaire an VII, en dehors des conditions de publicité du nouveau régime hypothé-

---

(1) Voir art. 930, 941 et 946, Cod. proc. civ., et 826, Cod. civ.

(2) M. Dufresne, n°⁵ 61 et 82. Une fois les biens vendus en bloc, si l'on ne pouvait plus distinguer les prix les uns des autres, cette confusion anéantirait le droit de séparation ; si, en fait, la distinction des prix peut encore avoir lieu, il n'y a plus d'obstacle à l'exercice du droit de séparation des patrimoines. (Zacharie, p. 324, note 24 ; M. Dalloz, Success., n. 1426 et 1463.)

(3) M. Duranton, 7, n. 485 ; M. Dufresne, n. 62 et 63.

caire, à la nécessité d'une inscription prise aux bureaux de la conservation des hypothèques de la situation des immeubles héréditaires (1).

« Les créanciers et légataires qui demandent la séparation du patrimoine du défunt, conformément à l'article 878, au titre *des successions*, conservent, à l'égard des créanciers des héritiers ou représentants du défunt, leur privilége sur les immeubles de la succession par les inscriptions faites sur chacun de ces biens, dans les six mois, à compter de l'ouverture de la succession.

« Avant l'expiration de ce délai, aucune hypothèque ne peut être établie avec effet sur ces biens par les héritiers ou représentants au préjudice de ces créanciers ou légataires. »

Quelle est la portée de cette disposition? Quelle modification apporte-t-elle à la règle de l'article 880, au droit de séparation des patrimoines? Quel est le nouveau caractère qu'elle imprime à ce droit? Devient-il un véritable droit hypothécaire plein et entier?

On comprend facilement quelle est l'utilité de cette mesure. Il était juste, en effet, tout en maintenant au profit des créanciers héréditaires le droit de se faire payer exclusivement sur les biens de la succession, au moyen de la séparation des patrimoines, d'avertir les

(1) A ce propos, nous devons mentionner ici une question qui n'a plus en réalité, aujourd'hui, qu'un intérêt historique. On s'était demandé si, une succession s'étant ouverte sous l'empire de la loi du 11 brumaire an VII, les créanciers du défunt avaient dû prendre inscription dans les six mois de la promulgation du Code. Les soumettre à cette nécessité, c'eût été méconnaître le principe de la non rétroactivité des lois. La Cour de cassation a donc consacré le système de la négative. (Cass., 17 oct. 1800; 8 nov. 1815; M. Merlin, *Quest. de droit*, Séparat. des patrim., § 3 et 4.)

tiers (qui voudraient traiter avec l'héritier sous la garantie hypothécaire des biens de la succession) que le
défunt a laissé des créanciers, et de les prémunir ainsi
contre l'erreur dans laquelle ils auraient pu tomber en
comptant pour la sûreté de leurs droits sur l'état de solvabilité apparent d'une hérédité dont le passif leur de-
meurerait inconnu.

Le bénéfice de séparation des patrimoines constitue
évidemment, au profit des créanciers et des légataires de
la succession, un droit de préférence; mais c'est impro-
prement que la loi le qualifie de *privilége.* Un privilége,
en effet, ne s'exerce qu'entre les créanciers d'un même débiteur; et la séparation a pour but de former deux classes
de créanciers et deux classes de biens sur lesquels ils se
feront les uns et les autres respectivement payer (1). Il
est bien vrai que l'on peut dire que, par l'effet de la saisine héréditaire, la personnalité juridique du défunt se
trouvant transportée sur la tête de son héritier, les créanciers du premier sont devenus les créanciers personnels
du second, et que la séparation des patrimoines est alors
véritablement un privilége que la loi leur confère collectivement; d'ailleurs le droit de préférence qui leur appartient à l'encontre des créanciers propres de l'héritier
dérive de leur seule qualité, ce qui est encore un élément
constitutif du privilége (2). Dans tous les cas, en lui
laissant le nom que la loi lui donne, le bénéfice de séparation des patrimoines est tout au moins un privilége

(1) MM Aubry et Rau, sur Zachariæ, tom. IV, p. 343, note 37; M. Troplong, 1833, *Privil. et hypoth.*, tom. I, n. 323.

(2) M. Cabantous, *Revue de législation*, 1836, p. 36.

d'une nature à part, produisant des effets spéciaux ; et, ainsi que nous le verrons, cette prérogative dont jouissent les créanciers héréditaires ne saurait avoir pour eux les effets ordinaires des véritables priviléges, c'est-à-dire le droit de suite contre les tiers détenteurs et le droit de venir ensuite en concours avec les autres créanciers du débiteur sur le reste de son patrimoine, lorsque les biens affectés au privilége n'ont pas pu suffire au désintéressement intégral de ceux qui en jouissaient.

La prérogative qui appartient aux créanciers de la succession ne saurait détruire les effets de la saisine héréditaire ; elle n'enlève point à l'héritier la propriété des biens du défunt qui lui a été transmise par le décès de celui-ci ; il est libre encore d'en disposer ; l'aliénation qu'il peut faire soit des meubles, soit des immeubles de la succession éteint le droit des créanciers d'exercer à leur égard le bénéfice de séparation des patrimoines ; mais, à l'inverse, ils peuvent s'en prévaloir tant que cette aliénation n'a pas eu lieu : relativement aux meubles pendant un certain délai, passé lequel ils sont présumés s'être tellement confondus avec ceux de l'héritier qu'il est désormais impossible de les distinguer, et relativement aux immeubles, suivant les termes de l'article 880, tant qu'ils sont encore entre les mains de l'héritier (1).

(1) L'art 880 permet de demander la séparation quant aux immeubles, tant que l'héritier ne les a pas aliénés ; quant aux meubles, pendant trois ans seulement, quand bien même ils seraient encore dans les mains de l'héritier ; la loi se montre donc ainsi plus favorable pour les immeubles que pour les meubles ; l'aliénation éteignant pour les immeubles le droit de séparation, doit, *a fortiori*, l'éteindre pour les meubles, sauf la faculté d'exercer le même droit sur le prix de la vente, lorsqu'il est encore dû. (M. Marcadé, art. 880-III ; Dig. *De separat.*, loi 2, Papin.

Mais il s'agit de régler entre les créanciers personnels de l'héritier d'une part, et les créanciers héréditaires d'autre part, quant aux immeubles, le droit de préférence résultant de la séparation des patrimoines au profit des seconds contre les premiers.

Nous venons de dire quelle est l'utilité de l'inscription que l'article 2111 prescrit aux créanciers et aux légataires qui veulent user du bénéfice de la séparation, de prendre sur les immeubles héréditaires, dans les six mois de l'ouverture de la succession, afin de conserver leur *privilége*. Recherchons quelle est la portée de cette disposition, quels sont les effets de cette inscription.

L'héritier devenu propriétaire des biens de la succession, par l'effet de la saisine, peut hypothéquer les immeubles qu'elle comprend à ses créanciers personnels pour la sûreté de leurs droits.

Afin de conserver d'une manière complétement efficace leur droit de préférence, les créanciers héréditaires doivent s'inscrire dans le délai de six mois, à partir de l'ouverture de la succession. Le créancier ou le légataire du défunt qui a satisfait à cette condition jouit alors d'un droit plein et entier de préférence à l'encontre des créanciers de l'héritier : l'inscription qu'il a prise, fût-ce le dernier jour du délai, rétroagit au jour même où la succession s'est ouverte, de telle sorte que toutes les hypothèques qui ont pu, pendant l'intervalle des six mois, être acquises du chef de l'héritier sur les immeubles du défunt, restent sans effet à l'égard des créanciers héréditaires, quand bien même ces hypothèques auraient été inscrites avant l'inscription prise par ces créanciers pour conserver leur droit de séparation des patrimoines (1).

Au contraire, si le créancier héréditaire ou le légataire a négligé de s'inscrire dans le délai de six mois, depuis l'ouverture de la succession, l'inscription qu'il peut prendre ensuite n'a plus d'effet rétroactif; par conséquent il se trouvera primé par les créanciers hypothécaires de l'héritier qui se sont mis en règle avant lui; et il n'aura encore de droit de préférence que par rapport à ceux des créanciers de l'héritier qui n'auraient aucune hypothèque à faire valoir, ou dont les hypothèques ne seraient devenues efficaces que postérieurement à l'inscription de la sienne (2).

(1) L'inscription prise, conformément à l'art. 2111, sur les immeubles de la succession, pour conserver le droit de préférence résultant de la séparation des patrimoines, doit porter sur *chacun* des immeubles désignés spécialement, et est soumise d'ailleurs, quant à sa forme, aux dispositions des art. 2148 et 2149. Cependant, comme c'est la seule qualité de créancier ou de légataire qui permet de la prendre, il n'est pas nécessaire de produire, quand on la requiert, un acte authentique constatant l'existence de sa créance ou de son legs. Le porteur d'un testament olographe, même fait en pays étranger, ou d'une créance par acte sous seing privé, peut prendre cette inscription, qui a pour objet, non de vivifier une véritable hypothèque créée par un acte authentique ou un jugement, mais bien de conserver un droit que la loi lui confère en raison de sa seule qualité. Quant à ceux qui n'auraient pas de titre écrit, par exemple les créanciers pour fournitures en général, on ne saurait les admettre à s'inscrire sur leur simple affirmation ; mais ils pourraient sans doute le faire, en obtenant la permission du juge, de la même façon que celui qui n'est pas porteur d'un titre exécutoire, peut, en demandant la même autorisation, requérir l'apposition des scellés sur le mobilier de la succession (art. 820 Cod. civ.). L'inscription est prise contre l'héritier et ses créanciers en général, sans qu'il soit besoin d'en désigner aucun ; elle doit énoncer qu'elle est prise pour conserver le droit de préférence du créancier qui la requiert, contre les créanciers personnels de l'héritier, sur les biens de la succession, en vertu de l'art. 878. Tous les créanciers de la succession, ou plusieurs ensemble, peuvent la prendre collectivement, et alors il ne doit être perçu qu'un seul droit d'enregistrement sur tous les actes de la procédure en séparation des patrimoines faits au nom des créanciers réunis. (Cass. 2 juin 1832.) Voir Zachariæ, p. 317, 326 et 327; Duranton, t. VII, n. 492; Grenier, *Hypoth.*, n. 423; Dufresne, n. 18, 67, 68, 69, 70, 75.
(2) Art. 2113.

Telle est la modification apportée par la disposition nouvelle de l'article 2111 au principe de l'article 880, suivant lequel la séparation des patrimoines peut être demandée à l'égard des immeubles tant qu'ils sont encore dans la main de l'héritier. On voit qu'elle ne porte que sur la nécessité désormais imposée aux créanciers et légataires de la succession de prendre inscription dans les six mois, s'ils veulent conserver leur droit de préférence vis-à-vis des créanciers personnels de l'héritier qui auraient acquis du chef de celui-ci des hypothèques sur les immeubles héréditaires, et qui auraient rempli, pour les rendre efficaces, les formalités d'inscription et de publicité prescrites par la loi (1).

Mais si, quoique ayant négligé de s'inscrire, les créanciers du défunt viennent à demander la séparation des patrimoines, on voit aisément qu'il ne servirait de rien aux créanciers simplement chirographaires de l'héritier de leur opposer le défaut d'inscription de leur privilége dans les six mois, car les créanciers poursuivant la séparation pourraient aussitôt prendre une inscription hypothécaire conformément à l'article 2113, ce qui leur assurerait la préférence sur les créanciers chirographaires (2). Quant aux créanciers hypothécaires de l'héritier, non encore inscrits au moment où les créanciers du défunt demandent la séparation des patrimoines, sans avoir rempli préalablement et dans le délai voulu, la formalité de l'article 2111, ils pourraient se hâter de se faire inscrire et leur opposer qu'ils n'ont pas pris inscription

(1) M. Troplong, p. 510 et 511.
(2) M. Troplong, p. 510.

dans les six mois; car alors les créanciers héréditaires
descendent à la condition de créanciers hypothécaires.
et leur rang ne se fixe qu'à la date de leurs inscriptions (1).

Du reste, à part cette dérogation, une fois que le
créancier de la succession s'est inscrit dans les six mois,
il a assuré par là l'efficacité complète de son droit de
préférence; il l'a garanti pour l'avenir, et il peut demander la séparation des patrimoines, conformément à
l'article 880, tant que les immeubles ne sont pas sortis
de la propriété de l'héritier (2).

Nous avons dit déjà que l'héritier conserve la liberté

(1) M. Troplong, id. — Art. 2113 et 2134.

(2) M. Merlin *(Répertoire, séparat. de Patrim.)*, dont l'opinion est suivie
par Grenier *(Hypoth.* II, 432), Chabot (art. 880, n. 9), enseigne qu'une modification beaucoup plus profonde a été apportée par l'art. 2111, à la règle de
l'art. 880, en ce sens que s'il est vrai que les créanciers du défunt puissent
demander la séparation des patrimoines, à l'égard des immeubles, tout le
temps qu'ils sont dans la main de l'héritier, ce ne peut être qu'à l'encontre
des créanciers chirographaires de l'héritier, parce que contre eux il n'est
besoin d'aucune inscription pour la conservation du droit de séparation des
patrimoines. Mais il en doit être autrement à l'égard de ses créanciers hy-
othécaires; pour conserver le droit de séparation à leur égard, il est nécessaire de prendre une inscription; l'art. 2111 qui impose cette nécessité aux
créanciers du défunt, ne l'exige que de ceux qui *demandent la séparation*;
il est donc dans la pensée de cet article que l'inscription ne puisse avoir lieu
ou produire son effet, qu'autant qu'elle est accompagnée ou précédée d'une
demande en séparation. C'est ce qu'indique bien d'ailleurs l'amendement qui
a introduit dans l'art. 2111 ces mots : *qui demandent la séparation du patrimoine du défunt, conformément à l'art. 878.* Cette opinion qui exige que
les créanciers forment leur demande dans les six mois de l'ouverture de la
succession, est aujourd'hui abandonnée avec raison. Ces expressions de l'article 2111, qui demandent la séparation des patrimoines, signifient simplement : qui veulent demander, qui ont droit de demander. Le droit nouveau
introduit par l'art. 2111, c'est la nécessité d'une inscription; mais l'intention du législateur ne peut pas avoir été de détruire les règles qu'il avait
précédemment posées au titre des *successions*, alors surtout que dans l'art. 2111
lui-même, il y renvoie (Zachariæ, p. 328, note 34. M. Troplong, *Hypoth.*
n. 325; M. Duranton; t. VII, n. 485. Nîmes, 19 février 1829).

d'aliéner les biens héréditaires ; et, lorsque cette aliénation a été faite de bonne foi, le droit des créanciers de demander la séparation des patrimoines se trouve ainsi éteint. Les créanciers héréditaires qui veulent user du bénéfice que la loi a établi en leur faveur, doivent donc se hâter de faire vendre séparément à leur profit exclusif les meubles ou les immeubles de la succession, lorsque l'héritier en est encore nanti. Si leur droit n'est point actuellement exigible, nous avons précédemment signalé les mesures conservatoires qu'ils doivent prendre quant au mobilier (1) ; quant aux immeubles, nous venons de voir que s'ils veulent que les hypothèques consenties par l'héritier au profit de ses créanciers personnels n'aient aucun effet envers eux, il doivent prendre inscription dans les six mois de l'ouverture de la succession. Il pourrait sembler que pendant ce délai de six mois accordé aux créanciers et aux légataires du défunt pour requérir inscription, l'héritier ne puisse faire aucune aliénation, pas plus qu'il ne peut consentir aucune hypothèque à leur préjudice, et

(1) Lorsque l'héritier a lui-même fait inventaire du mobilier, les créanciers du défunt pourront bien s'en prévaloir pour repousser l'exception qu'on voudrait tirer contre eux d'une confusion matérielle opérée entre les meubles du défunt et ceux de l'héritier. Mais si cette confusion matérielle a cependant eu lieu, de telle sorte qu'il soit impossible désormais de distinguer les deux mobiliers, nous ne penserions pas, ainsi que l'enseigne M. Duranton (tome 7, n. 484), que l'héritier fût obligé de rapporter aux créanciers héréditaires la valeur des objets inventoriés. Car, si en matière de séparation des patrimoines, le prix peut représenter la chose, il n'y a véritablement de prix que quand il y a eu aliénation faite par l'héritier à un tiers ; tant que le prix est dû, il reste distinct des biens de l'héritier, et c'est pour cela que la séparation des patrimoines peut encore avoir lieu ; or, ici il n'y a pas de prix séparé, tout est confondu et par conséquent l'exercice du bénéfice de séparation se trouve impossible. — A défaut d'inventaire dressé soit par eux, soit par l'héritier, les créanciers du défunt pourront faire reconnaître le mobilier qui lui a appartenu, par tous les moyens de preuve que la loi autorise et que les juges auront à apprécier. M. Dufresne, n° 60.

que la défense d'hypothéquer doive emporter *a fortiori* défense d'aliéner (1). Mais les inscriptions prises au nom des créanciers personnels de l'héritier ne sont point frappées d'une nullité absolue ; seulement elles restent inefficaces à l'égard des créanciers héréditaires, par suite do l'effet rétroactif attaché à l'inscription qu'ils prennent dans le délai prescrit par la loi ; en un mot, il ne s'agit que do régler la conservation du droit de préfé-rence des créanciers et des légataires de la succession sur les créanciers propres de l'héritier ; et la disposition finale de l'art. 2111 n'a pas pour but do protéger les in-térêts des premiers contre toute espèce de lésion dont ils so trouveraient menacés, mais uniquement, nous le répé-tons, de garantir le droit de préférence résultant de la séparation des patrimoines (2). L'inscription prise pour assurer l'effet de cette séparation ne saurait avoir pour conséquence de la transformer en un privilége, c'est-à-dire en une hypothèque privilégiée, susceptible de dégé-nérer en une hypothèque ordinaire, lorsqu'elle n'a été inscrite qu'après l'expiration du délai de six mois, en con-formité de l'art. 2113. La dénomination de privilége dont la loi se sert dans l'article 2111, pour qualifier le droit de séparation des patrimoines ne doit pas être assez puissante pour modifier aussi profondément la na-

(1) M. Blondeau, *Séparat., des Patrim.*, p 480, et .otes 1 et 2.

(2) M. Blondeau, p. 481, note 1. — Zachariæ, p. 341, notes 46 et 47; p. 342, noto 48. — On comprend que peut-être par une raison d'intérêt public, le législateur puisse, dans certain cas, porter défense d'hypothéquer, tout en permettant d'aliéner. Nous en trouvons un autre exemplo dans l'hypothèse d'un immeuble sujet à rapport : le donataire peut valablement l'aliéner mais il no peut pas l'hypothéquer au préjudice de ses futurs cohéritiers 859, 860 et 865).

ture de ce droit, au point de n'être plus seulement une préférence attribuée aux créanciers héréditaires contre les créanciers de l'héritier, mais d'être devenu également un droit de suite contre les tiers détenteurs (1). De tout temps, l'objet de la séparation des patrimoines a été de conserver aux créanciers héréditaires le droit de gage que la loi leur conférait sur les biens de leur débiteur primitif, au moment de leur confusion avec ceux de l'héritier. Du vivant du défunt, ce droit de gage commun dont ils jouissaient n'était point capable à lui seul et à défaut de sûretés particulières, telles qu'un véritable privilége ou une hypothèque, de leur attribuer un droit de suite.

En prenant la place de son auteur, l'héritier a pu, comme lui, disposer des biens qui appartenaient primitivement au débiteur décédé et dont la propriété lui a été transmise; et c'est pour cela que, d'après la disposition de l'art. 880, les créanciers doivent respecter les aliénations que l'héritier a pu faire. Remède spécial apporté au dommage qui pourrait résulter pour eux de la confusion des patrimoines, par suite du concours des créanciers personnels de l'héritier sur les biens qui formaient auparavant leur gage exclusif, la séparation des patrimoines ne fait pas disparaître à d'autres égards les dangers qu'ils couraient déjà, en l'absence de tout droit de suite, du vivant de leur débiteur primitif. Tel est ce droit que le législateur du Code civil a déclaré lui-même qu'il ne faisait qu'emprunter aux institutions du passé, et qu'il a bien certainement main-

(1) Zachariæ, p. 843, note 52, M. Troplong, n. 327, M. Cabantous, *Revue de Législ.*, p. 40, 1830. M. Dufresne, p. 114 et suiv., — art. 2166.

tenu au titre des *successions*. C'est ce même droit que l'inscription désormais proscrite par l'art. 2111, au titre des *Hypothèques*, relativement aux immeubles de la succession, tend à *conserver;* et l'on ne saurait voir dans cette formalité, destinée à assurer la conservation d'un droit préexistant, la *création* d'un véritable privilége ou d'une hypothèque qui n'existait pas encore. C'est en vain que l'on voudrait trouver dans d'autres dispositions de la loi des arguments pour prétendre que le droit de séparation des patrimoines, que la loi désigne dans l'article 2111 sous le nom de privilége, est bien réellement devenu un véritable privilége, ou, après que les conditions prescrites pour sa conservation n'ont pas été accomplies dans le délai voulu, une véritable hypothèque aux termes de l'art. 2113. Les art. 873, 1009 et 1012 décident que les héritiers et les légataires universels ou à titre universel sont tenus des dettes et des charges de la succession, personnellement pour leur part et portion virile, et « hypothécairement pour le tout ». Si l'on voulait prétendre que ces articles ont établi par là, au profit des créanciers héréditaires, une hypothèque générale sur les biens du défunt (ce qui n'avait lieu, ainsi que nous l'avons constaté, dans notre ancienne jurisprudence que dans le ressort de quelques parlements), on interpréterait apparemment à contre sens l'esprit qui les a dictés. La règle qu'ils posent, c'est que chaque héritier n'est tenu des dettes et charges de la succession que pour sa part et portion virile; mais s'il se trouve accidentellement détenteur d'un immeuble hypothéqué par le défunt à ses créanciers,

ceux-ci pourront le poursuivre sur cet immeuble même
au delà de sa part dans l'obligation de payer les
dettes, et cela en raison du principe de l'indivisibilité de
l'hypothèque (1). Ce n'est qu'en faveur des légataires du
défunt que le législateur, peut-être par un surcroît de
précautions, a établi une hypothèque légale qui frappe
les immeubles de la succession à partir de son ouverture
et qui permet à ceux qui en jouissent, une fois qu'elle
est régulièrement inscrite, de les suivre jusque dans les
mains des tiers détenteurs (2). On ne saurait non plus
être admis à tirer un argument *à fortiori* de cette disposition et prétendre qu'à moins d'*imprévoyance* de la loi (3),
la même sûreté doit exister au profit des créanciers du
défunt ; car la position des premiers est bien moins favorable que celle des seconds, puisque les légataires n'ont
droit aux biens de la succession qu'après l'acquittement
des dettes dont elle est grevée : on ne concevrait donc
pas que la loi ait établi une garantie pour le paiement
des libéralités du défunt, et point pour le paiement de
ses dettes. Nous avons dit déjà quelle était la raison
d'être de cette hypothèque légale accordée aux légataires, et aux légataires seuls sur les biens de la succession : le testateur ne pouvait pas leur en conférer une
lui-même par son testament; cependant il était nécessaire de leur garantir l'exécution du testament, surtout
lorsqu'il s'agit de legs de sommes d'argent ou d'autres
choses indéterminées ; voilà pourquoi l'hypothèque légale a été instituée à leur profit; et, s'ils ont eu le soin

(1) Art. 2114.
(2) Art. 1017.
(3) M. Blondeau, p. 571.

9

de l'inscrire régulièrement, elle leur permettra de suivre contre les tiers les biens qu'elle affecte. Quant aux créanciers, ils ne sauraient se plaindre de n'être point également favorisés ; leurs conventions sont maintenues telles qu'ils les ont faites ; ils pouvaient, en contractant, exiger de leur débiteur primitif des sûretés particulières ; et si, en effet, ils sont munis d'hypothèques privilégiées ou autres hypothèques régulièrement inscrites, ils auront aussi conservé par là leur droit de suite. Mais, sans ces sûretés spéciales, le bénéfice de séparation n'a pas la puissance de leur conférer ce droit ; encore une fois, l'inscription de l'art. 2111 (la rédaction limitative de cet article l'indique bien) ne fait que conserver ce bénéfice à l'égard des créanciers de l'héritier ; c'est-à-dire qu'elle n'a trait qu'à la réglementation du droit de préférence (1).

Le droit de séparation des patrimoines se trouve donc perdu lorsque l'aliénation faite par l'héritier des biens héréditaires est consommée. Les créanciers du défunt auront alors contre ces actes de l'héritier les mêmes ressources qu'ils auraient eues si ces actes eus-

(1) Zachariæ, note 30 ; Dalloz, Success n. 1500 et 1501. Voir M. Troplong, n. 326, 327 et 328. — On voit par là que l'hypothèque des légataires leur permet de suivre dans les mains des tiers, lorsqu'ils l'ont inscrite, les immeubles de la succession, tandis que l'inscription prise par eux pour conserver le droit de préférence résultant de la séparation des patrimoines, ne produit pas le même résultat. C'est une différence à ajouter à celles que nous avons déjà précédemment signalées. Nous en retrouverons plus loin encore une nouvelle : c'est que, lorsque les légataires, usant de leur droit d'hypothèque, n'ont point été complétement payés sur les immeubles affectés à leur sûreté, ils peuvent venir ensuite en concours avec les autres créanciers du débiteur de leurs legs, sur ses autres biens, tandis que, lorsqu'ils demandent la séparation des biens du défunt, en cas d'insuffisance de ces derniers, ils ne peuvent recourir contre l'héritier qu'après le paiement de ses créanciers personnels.

sent été faits par leur débiteur primitif lui-même, c'est-
à-dire que, le cas échéant, ils pourront les attaquer par
voie d'action paulienne, s'ils ont frauduleusement diminué leur gage commun (1); ils pourront également
pratiquer des saisies-arrêts entre les mains des acquéreurs qui n'auraient pas encore payé leur prix, afin de
les empêcher de s'en dessaisir et de le verser au ven-
deur (2). Étudions plus spécialement l'hypothèse où
l'héritier a aliéné l'immeuble de la succession. Le but
de la séparation des patrimoines est de faire distinguer
au profit des créanciers du défunt les biens qui ont
appartenu à celui-ci et qui se trouvent désormais confondus par l'acceptation de l'hérédité avec ceux de
l'héritier; et d'arriver ainsi à les faire payer sur ces
mêmes biens par préférence aux créanciers personnels
de l'héritier. En aliénant un immeuble de la succession,
celui-ci en a lui-même opéré la séparation d'avec son
propre patrimoine; mais il reste toujours le droit pour
les créanciers du défunt d'être payés préférablement
sur le prix des biens qui ont appartes à ce dernier.
Les choses se trouvent donc entières, et par conséquent
le droit de séparation des patrimoines peut s'exercer tant
que le prix provenant de la vente est encore entre les
mains de l'acquéreur et n'a point été distribué. Le prix
représente la chose, et la séparation des patrimoines,
s'appliquant universellement à tout ce que comprend
l'hérédité, peut être invoquée à l'occasion de la répartition de toute espèce de valeurs héréditaires ou de la

____

(1) Art. 1167, Cod. Nap.; M. Duranton, tom. VII, n. 491.
(2) Art. 557 et suiv., Cod. proc. civ.

distribution du prix des objets dépendant de la succession; car ce n'est, en définitive, que pour aboutir à cette distribution du prix à leur profit exclusif que les créanciers du défunt demandent la séparation de son patrimoine. La séparation a déjà eu lieu en fait; il ne reste plus maintenant que le but à atteindre, c'est-à-dire qu'il faut assurer la conservation du droit de préférence des créanciers héréditaires sur les créanciers personnels de l'héritier (1).

Le mode de conservation du droit de préférence résultant pour les créanciers héréditaires du bénéfice de séparation des patrimoines, consiste dans la formalité de l'inscription prescrite par l'article 2111. Quand cette inscription a été prise sur les immeubles héréditaires dans les six mois à partir de l'ouverture de la succession, les créanciers du défunt, en accomplissant cette condition, ont conservé leur droit de préférence d'une manière absolue, c'est-à-dire par rapport à tous les créanciers de l'héritier sans distinction ; et, lorsqu'ils ne se sont inscrits qu'après le délai de six mois , ils jouissent encore de leur droit, mais d'une manière relative seulement, à l'égard des créanciers de l'héritier qui n'ont point acquis de son chef des hypothèques régulièrement inscrites antérieurement à l'époque où ils ont eux-mêmes rempli les conditions de publicité exigées

(1) Voët, *ad Pandectas*, de Separat., n. 4 ; M. Troplong, n. 326 ; Toullier, tom. IV, n. 541 ; Zachariæ, p. 321, notes 17 et 20 ; M. Duranton, tom. VII, n. 490-4°;—la loi fait elle-même l'application de ce princip., que le prix encore dû peut représenter la chose aliénée, au cas où un ascendant succède à la chose par lui donnée à son descendant ; il la reprend, si elle se retrouve encore en nature dans la succession de celui-ci ; si elle a été aliénée, il recueille le prix qui peut en être dû (art. 747).

par la loi, conformément à l'art. 2113. La même règle doit servir à déterminer l'ordre de collocation et la préférence des créanciers héréditaires sur les créanciers personnels de l'héritier, relativement aux deniers qui représentent la valeur de l'immeuble héréditaire aliéné et qui sont encore à distribuer (1). Une difficulté pouvait se présenter autrefois sur ce point, par suite de la disposition de l'art. 834 du Code de procédure civile, lorsque l'héritier avait aliéné l'immeuble de la succession avant l'expiration du délai de six mois imparti aux créanciers héréditaires pour prendre l'inscription destinée à sauvegarder complétement leur droit de préférence. L'art. 834 du Code de procédure avait apporté une dérogation aux principes du Code Napoléon et consacré un droit nouveau. Sous l'empire du Code civil, les hypothèques simples ou privilégiées, soumises à la formalité de l'inscription, se trouvaient éteintes par suite de l'aliénation qui venait à être faite des biens sur lesquels elles portaient, lorsqu'elles n'avaient point été antérieurement inscrites (2). L'art. 834, modifiant la disposition de l'art. 2166, et améliorant en cela la position des créanciers au profit desquels existait une hypothèque ordinaire ou privilégiée, leur permit de l'inscrire pendant la quinzaine qui suivait la transcription de l'acte de vente. Il était juste, en effet, que le créancier ne perdît point, par le seul fait de son débiteur, l'avantage de l'hypothèque qui avait été constituée à son profit ; l'aliénation de l'immeuble pouvait avoir été

(1) MM. Aubry et Rau, sur Zacharlæ, p. 329, note 35.
(2) Art. 2166, M. Per-Il, *Régime hypoth.*, art. 2182, n. 9.

faite à son insu, et c'est pour cela qu'on lui accorda un délai de quinze jours après qu'il avait dû être averti de la vente par sa transcription. A l'égard de la séparation des patrimoines, on pouvait se demander si, dans le cas où, pendant l'intervalle du délai de six mois à partir de l'ouverture de la succession, l'héritier avait aliéné un des immeubles héréditaires, l'art. 834 du Code de procédure modifiait aussi l'art. 2111 du Code Napoléon, de telle sorte que les créanciers du défunt qui voudraient encore conserver leur bénéfice de séparation, dussent prendre inscription au plus tard dans la quinzaine de la transcription de la vente, encore bien que le délai de six mois ne fût pas complétement expiré. — On conçoit tout d'abord que ce serait là empirer la position des créanciers héréditaires, ce qui serait aller apparemment contre l'esprit qui a dicté la disposition de l'art 834 ; de plus, cet article avait trait aux hypothèques et aux priviléges proprement dits ; et nous savons que la séparation des patrimoines n'est pas véritablement un privilége ; il fallait donc décider que la modification du Code de procédure ne changeait rien aux principes relatifs à ce bénéfice ; c'est parce que la bonne foi veut que l'on maintienne les actes qui ont été faits *medio tempore* par l'héritier saisi de la propriété des choses héréditaires ; que les créanciers de la succession doivent respecter les aliénations qu'il a pu faire, absolument comme leur débiteur primitif, de son vivant, était capable de les effectuer (1) ; enfin, l'art. 834 ne

---

(1) *Nam quæ bona fide medio tempore per heredem gesta sunt, rata conservari solent.* Dig. de Separat., loi 2, Papin.

concerne que les rapports des créanciers hypothécaires
avec le tiers acquéreur, et la faculté pour les premiers
de troubler le second en venant surenchérir, c'est-à-dire
qu'il ne concerne que les priviléges ou hypothèques emportant un droit de suite et non le *privilége*, le simple
droit de préférence résultant de la séparation des patrimoines (1). Au surplus, l'art. 834 du Code de procédure civile se trouve aujourd'hui abrogé par la loi du
23 mars 1855 sur la TRANSCRIPTION EN MATIÈRE HYPOTHÉ-
CAIRE (2).

D'après l'économie de cette loi, le délai pour prendre
inscription court non plus, comme sous l'empire du
Code Napoléon, jusqu'à l'aliénation de l'immeuble seulement; non plus, comme d'après le Code de procédure, jusqu'à l'expiration des quinze jours qui suivent
la transcription de l'acte d'aliénation, mais bien désormais jusqu'à la transcription de la vente (la loi de 1855
faisant en cela retour au système qui était en vigueur
sous l'empire de la loi du 11 Brumaire an VII). La loi
nouvelle n'ayant trait qu'aux priviléges ou aux hypothèques pouvant produire des effets à l'égard des tiers
acquéreurs, elle ne doit donc régir en aucune façon la
séparation des patrimoines, dont d'ailleurs elle ne parle
pas. Les auteurs qui veulent voir dans le bénéfice
accordé aux créanciers héréditaires un véritable privilége, et, par conséquent, un droit de suite, doivent admettre cependant que cette loi empire de beaucoup

<hr>

(1) MM. Aubry et Rau, sur Zachariæ, p. 329, notes 37 et 38. Voir M. Troplong, n. 327 et 328; M. Dufresne, n. 66.

(2) Art 6.

leur position et qu'une grave modification se trouve
introduite au principe de l'art. 2111 du Code Napoléon,
suivant lequel, en s'inscrivant dans le délai de six mois,
à partir de l'ouverture de la succession sur les immeubles qu'elle comprend, le créancier héréditaire conserve le droit d'être payé sur ces immeubles, au moyen
de la séparation des patrimoines, même préférablement
aux créanciers hypothécaires de l'héritier, inscrits antérieurement à lui. Il pourrait se faire, en effet, que,
quelques jours après avoir recueilli l'immeuble héréditaire, l'héritier l'aliénât; si un de ses créanciers personnels a acquis de son chef dans l'intervalle une
hypothèque sur cet immeuble, il peut valablement
l'inscrire jusqu'à la transcription de l'acte de vente
par l'acquéreur (1); une fois cette transcription faite,
les créanciers héréditaires, qui peut-être n'ont pas ou
le temps d'être au courant de tous ces événements, qui
ignorent peut-être même encore la mort de leur débiteur, et qui cependant sont encore dans le délai de six
mois depuis l'ouverture de la succession, se trouveraient
déchus du droit de s'inscrire ! Et, parce qu'ils ne se sont
pas inscrits avant la transcription, ils perdraient leur
droit de préférence lui-même sur les créanciers personnels de l'héritier, qui, par une inscription prise en
temps utile, ont conservé leur droit de suite ! Répétons
donc que le privilége de la séparation des patrimoines
n'a pas pour objet d'attribuer un droit de suite aux
créanciers héréditaires ; qu'ils peuvent s'en prévaloir

(1) M. Demante, *Cours analytique de Code civil*, tom. III, art. 880,
n. 222 bis.

tant que le bien n'a pas été aliéné par l'héritier; mais qu'une fois l'aliénation faite, tant qu'ils n'ont pas demandé la séparation, leur droit est perdu. Si l'acquéreur doit encore son prix, le bénéfice peut se transporter de l'immeuble sur le prix non encore payé à l'héritier; les créanciers de la succession peuvent former saisie-arrêt entre les mains de l'acquéreur pour l'empêcher de s'en dessaisir; mais cette mesure conservatoire pourrait ne pas suffire, à l'égard du prix représentant la valeur des immeubles héréditaires aliénés, pour assurer aux créanciers du défunt la préférence sur les créanciers personnels de l'héritier; car ceux-ci pourraient avoir acquis sur ces immeubles des hypothèques valables et régulièrement inscrites : les créanciers héréditaires conserveront à l'encontre d'eux le privilége de la séparation des patrimoines et le droit de préférence qui en résulte, d'une manière absolue, en s'inscrivant dans le délai de six mois, conformément à l'art. 2111; et cela par suite de l'effet rétroactif que produit alors leur inscription. Passé ce délai, ils pourront encore, conformément à l'art. 2113, par l'inscription qu'ils prendront, conserver leur droit de préférence d'une manière relative, vis-à-vis de ceux des créanciers de l'héritier qui n'auraient point pris antérieurement une inscription utile (1).

(1) Relativement au mode de conservation et de réglementation du droit de préférence des créanciers héréditaires sur les créanciers personnels de l'héritier, nous devons résoudre ici une question qui se rattache au Code de commerce. L'article 490 de ce Code impose aux syndics d'une faillite l'obligation de prendre inscription, au nom de la masse des créanciers, sur les immeubles du failli. Si, parmi ces immeubles, il en est que ce dernier détient à titre d'héritier, que devient à leur égard le droit de séparation des patri-

On sait que, lorsqu'un débiteur vient à mourir laissant plusieurs héritiers, ses dettes se divisent entre eux de plein droit, de sorte que chacun des cohéritiers n'en est tenu personnellement que pour sa part et portion virile (1). Cependant si le défunt avait accordé des hypothèques à ses créanciers pour leur sûreté, celui des cohéritiers dans le lot duquel se trouverait un des

moins appartenant aux créanciers de la succession? Si l'on est encore dans les six mois de son ouverture, ils conserveront naturellement leur privilége d'une manière absolue, en s'inscrivant conformément à l'article 2111 du Code Napoléon. Mais, si ce délai est expiré, l'inscription prise par les syndics a-t-elle pour résultat de primer leur droit de préférence, lorsqu'ils ne l'ont inscrit que postérieurement, d'après la règle énoncée dans l'article 2113 du même Code? L'article 490 ne fait que reproduire sur ce point la disposition de l'article 500 de l'ancienne loi des faillites; on décidait alors que l'inscription prise par les syndics ne pouvait avoir d'autre effet que de conserver à chaque créancier les droits qu'en définitive il était reconnu avoir. Une inscription n'a pour but que de conserver une hypothèque qui existait préalablement et de lui donner un rang préférable sur les hypothèques pour lesquelles cette formalité n'a point encore été remplie; mais cette inscription ne peut avoir la vertu de créer un hypothèque qui ne peut être établie que par la loi, une convention ou un jugement. L'inscription prescrite par l'article 490 énonce simplement « qu'il y a faillite », et la rend ainsi publique; si le failli obtient plus tard un concordat, il se trouvera, par le jugement d'homologation, replacé à la tête de ses affaires, et libre désormais de disposer de ses biens. Mais alors, aux termes de l'article 517, Code de comm., les syndics doivent inscrire ce jugement aux hypothèques, ce qui conserve aux créanciers, sur les immeubles du failli, l'hypothèque précédemment inscrite (art. 490). Ces expressions ne veulent pas dire autre chose, si ce n'est que ce qui, dans l'article 490, n'était qu'un moyen de rendre public l'état de faillite, d'en prévenir les tiers, devient alors, par suite de l'homologation du concordat, un véritable droit hypothécaire. Mais il s'est passé dans l'intervalle un fait qui a pu donner naissance à ce droit : c'est le jugement du Tribunal de commerce (art. 2123 du Code civil), jugement en vertu duquel une nouvelle inscription doit être prise; et cette seconde inscription ne serait apparemment pas nécessaire, si l'hypothèque existait déjà utilement en vertu de l'art. 490. Il faut donc décider, d'après cela, que les créanciers de la succession peuvent encore, même après les six mois de son ouverture, et postérieurement à l'inscription prise par les syndics, conformément à l'article 490, inscrire efficacement leur droit de séparation des patrimoines. (M. Dufresne, *Traité de la Séparat. des patrim.*, n° 92;—Cass., 12 mai 1841).

(1) Art. 1220, Cod. civ.

biens frappés de ces hypothèques, serait tenu hypothécairement de la dette, même au delà de sa part dans
l'obligation de la payer, et jusqu'à concurrence de la
valeur de l'immeuble grevé ; et cela en raison du principe de l'indivisibilité de l'hypothèque, suivant lequel
un bien doit rester tout entier affecté à la garantie de la
créance, jusqu'à ce qu'elle ait été complétement rem-
boursée (1). Le Code, ainsi que nous l'avons vu, a
appliqué ce même principe à l'hypothèque des légataires, bien que cependant les legs soient, à l'origine,
autant de dettes distinctes qu'il y a de cohéritiers, et
qui ne prennent naissance qu'à la mort du testateur.

Quant au droit de séparation des patrimoines, bien
que nous ne reconnaissions pas que, par suite des inscriptions des art. 2111 et 2113, il soit devenu une
hypothèque privilégiée susceptible de dégénérer en une
hypothèque ordinaire, nous pensons cependant qu'au
point de vue où nous nous plaçons maintenant, le
simple créancier chirographaire qui l'invoque doit
jouir du même avantage qu'un créancier hypothécaire
proprement dit, c'est-à-dire qu'il pourra poursuivre
chaque cohéritier jusqu'à concurrence de ce qu'il détient du patrimoine du défunt, sans tenir compte de la
division de la dette entre les divers héritiers. Il peut
y avoir l'intérêt le plus évident ; supposons, par exemple, qu'un immeuble non commodément partageable,
et qui à lui seul formait tout le patrimoine héréditaire,
a été adjugé à l'un des trois héritiers du défunt ; les
deux autres ne sont point solvables : le droit de sépa-

(1) Art. 873 et 2114.

ration des patrimoines serait véritablement illusoire pour le créancier de la succession, s'il ne pouvait en user vis-à-vis du cohéritier adjudicataire que jusqu'à concurrence de sa part, c'est-à-dire du tiers de la dette. En demandant la séparation des patrimoines, les créanciers héréditaires demandent à être payés comme si le défunt vivait encore ; ils mettent en quelque sorte la main sur la fortune de leur débiteur primitif ; et, puisque les choses doivent se passer comme si celui-ci n'était point mort, comme si la confusion des patrimoines, qu'on considère comme non avenue, n'avait pas eu lieu, on ne voit pas comment on pourrait leur soustraire, tant qu'ils ne sont point intégralement payés, la moindre partie des biens qui leur servaient de gage commun (1).

Puisque, par l'effet de la séparation des patrimoines, les choses doivent se passer comme si le débiteur primitif vivait encore, il s'ensuit que c'est dans cette supposition qu'il faut régler les rapports respectifs de ses créanciers soit entre eux, soit avec les légataires ; le droit commun continue de les régir ; par conséquent, chacun d'eux doit conserver la position et les avantages que lui assure son titre ou la nature de sa créance. Ainsi les créanciers, privilégiés du défunt seront payés les premiers sur son patrimoine séparé ; ses créanciers hypothécaires le seront ensuite d'après l'ordre de leurs inscriptions et avant les simples créanciers chirogra-

(1) Art. 2092 et 2093. M. Bonnier, *Revue de législat.*, 1841, p. 483, 484 et suiv. ; Dufresne, n. 114. ; *Contrà*, MM. Aubry et Rau, sur Zachariæ, p. 345, n. 53.

phaires ; enfin ceux-ci seront payés en dernier lieu et au marc le franc; les légataires après tous les créanciers, par application de la maxime : *Nemo liberalis, nisi liberatus* (1).

Aucune difficulté ne se présente relativement à l'ordre que nous venons d'établir entre les différents créanciers du défunt, lorsque ceux d'entre eux qui sont munis d'hypothèques simples ou d'hypothèques privilégiées ont eu le soin de les vivifier par la formalité de l'inscription avant le décès de leur débiteur. Mais si l'un des créanciers avait stipulé de celui-ci une hypothèque valablement constituée du vivant du défunt, mais non encore révélée par l'inscription, pourra-t-il néanmoins primer les simples créanciers chirographaires qui demandent la séparation des patrimoines? ou bien doit-il être traité avec eux sur le pied de l'égalité? Ce créancier avait bien certainement, avant la mort du débiteur, une juste cause de préférence; on ne peut pas dire qu'il soit avec les créanciers chirographaires *in pari causâ*. On ne saurait donc, sans injustice, le priver de l'exercice d'un droit déjà valablement constitué à son profit, dans son principe, et faire évanouir son aptitude à en user, par suite d'un fait complétement indépendant de lui et que la plupart du temps il ne pouvait prévoir. L'art. 2146 prononce bien, il est vrai, la nullité, entre les créanciers d'une succession, de toute inscription prise depuis son ouverture par l'un d'entre eux ; mais cet article ne statue que dans l'hypothèse où la succession est acceptée sous bénéfice

(1) M. Duranton, tom. XIX, *Privil. et hypoth.*, n. 225.

d'inventaire : cette acceptation faisant alors supposer l'insolvabilité de l'hérédité, il ne fallait pas permettre que ceux des créanciers du défunt qui sont plus rapprochés que les autres du lieu où la succession s'est ouverte, ou qui sont avertis plus promptement de l'existence du danger, pussent se hâter de s'y soustraire en s'inscrivant au préjudice de créanciers plus éloignés ou non instruits de l'acceptation bénéficiaire. Il n'y avait pas identité de motifs pour appliquer la même prohibition au cas où, la succession étant acceptée purement et simplement, la demande en séparation des patrimoines est formée par les créanciers héréditaires ; car cette demande fait présumer l'insolvabilité de l'héritier et non celle de la succession. Les créanciers hypothécaires du défunt pourront donc valablement s'inscrire après son décès, et ils viendront alors sur le prix des immeubles de la succession grevés de leurs hypothèques, quelle que soit d'ailleurs l'époque où leurs inscriptions aient été prises, préférablement aux simples créanciers chirographaires, quand bien même ils auraient pris, dans le délai voulu, l'inscription prescrite par l'art. 2111, puisque, encore une fois, les rapports des différents créanciers entre eux doivent être maintenus tels qu'ils seraient si le défunt vivait encore. Mais on comprend qu'il n'en doit être ainsi qu'à l'égard des inscriptions que les créanciers de la succession prennent pour vivifier des hypothèques qui leur ont été acquises du chef du défunt lui-même, et qu'il n'en pourrait être de même s'il s'agissait de leur part d'inscrire des hypothèques, soit conventionnelles, soit judiciaires, qu'ils n'auraient acquises que du chef de l'héritier (1).

Tous les créanciers du défunt, alors qu'ils n'ont pas accepté l'héritier pour leur débiteur, peuvent réclamer le bénéfice de séparation des patrimoines ; mais il n'est pas nécessaire qu'ils s'entendent tous pour vouloir en user ; ce serait souvent exiger l'impossible. Parmi les créanciers du défunt, quelques-uns seulement peuvent donc demander la séparation des patrimoines, tandis que les autres, renonçant à cet avantage, acceptent l'héritier pour leur débiteur. Il s'agit de régler quels peuvent être les droits des premiers, et ici encore il faut supposer que les choses se passent comme si le défunt n'était pas mort. La séparation n'a et ne peut avoir pour but que d'assurer à ceux qui l'obtiennent la somme à laquelle ils eussent pu prétendre à ce moment. Elle leur permet d'éviter le dommage que la confusion des deux patrimoines pourrait leur causer ; mais elle ne saurait leur attribuer un bénéfice. Ainsi, à supposer, par exemple, trois créanciers du défunt, chacun pour une somme égale, et un actif héréditaire inférieur d'un tiers au passif qui le grève, deux des créanciers seulement demandent la séparation des patrimoines. Si, du vivant du débiteur, il se fût agi de partager ses biens entre ses trois créanciers, chacun d'eux eût touché les deux tiers de sa créance ; ils ne doivent donc avoir droit qu'au même dividende ; l'excédant, l'autre tiers des biens du défunt retombe dans

(1) Voir M. Bonnier, *Revue de législ.*, 1841, p. 480 et suiv.; M. Dufresne, n. 104 et 105.

le patrimoine de l'héritier pour servir avec ses propres biens de gage au troisième créancier, qui l'a accepté pour son débiteur, ainsi qu'à ses autres créanciers. Cette manière de procéder laisse à chacun les droits qu'il avait au moment de l'ouverture de la succession ; autrement, on attribuerait aux deux créanciers qui demandent la séparation des droits nouveaux, ce qui ne saurait être (1).

Les textes viennent à l'appui du principe que nous énoncions tout à l'heure, à savoir : que la séparation des patrimoines n'apporte aucune modification aux rapports des divers créanciers du défunt entre eux ; l'article 878, en leur accordant ce bénéfice contre les créanciers de l'héritier, suppose par là que la séparation reste étrangère à leurs relations réciproques ; et l'article 2111, en prescrivant la condition de l'inscription pour conserver le privilége de séparation à l'égard des créanciers de l'héritier, montre bien aussi que le droit de préférence qui en résulte laisse intacte la position respective des créanciers du défunt, et que la formalité prescrite pour assurer la conservation de ce droit n'a trait qu'aux créanciers de l'héritier, mais qu'elle n'a pas pour objet de faire acquérir un semblable droit de préférence à ceux des créanciers héré-

---

(1) M. Dufresne, n. 99. Si, au lieu d'accepter purement et simplement l'héritier pour son débiteur, ce qui lui fait perdre le droit de demander la séparation des patrimoines, le créancier du défunt avait fait avec lui une véritable novation, il y aurait eu alors substitution d'un nouveau débiteur à l'ancien (art. 1271-2°); et on pourrait dire dans ce cas que le créancier, ayant cessé de l'être du défunt et l'étant devenu de l'héritier, ne doit pas même être compté, pour calculer la somme qui doit revenir à chacun des autres créanciers du défunt qui demandent la séparation des patrimoines (M. Duranton, tom. VII, n. 409).

ditaires, qui auraient pris l'inscription requise, vis-à-vis
de ceux de leurs co-créanciers qui n'auraient pas rempli cette condition de publicité dans le délai qui leur
était imparti. La séparation des patrimoines n'en reste
pas moins individuelle ; les divers créanciers du défunt
n'ont point reçu le mandat d'agir les uns pour les autres, mais le but de la séparation n'est pas d'attribuer
à quelques-uns d'entre eux un avantage, un droit de préférence sur les autres. Les créanciers d'une succession
peuvent bien, il est vrai, s'ils sont diligents, et alors
que cette succession est acceptée purement et simplement, améliorer leur position vis-à-vis de leurs co-
créanciers, par exemple en se faisant consentir par
l'héritier ou en obtenant contre lui par jugement des
hypothèques ; mais ce ne doit pas être au moyen de la
séparation des patrimoines, institution destinée à ob-
vier aux effets désastreux qui auraient pu résulter pour
les créanciers héréditaires de la confusion des biens
du défunt avec ceux de l'héritier et à remettre ainsi, à
cet égard, pour leur utilité commune, les choses dans
l'état où elles seraient si le débiteur primitif vivait encore (1). Ces principes étant posés, et puisqu'il faut
reconnaître que l'inscription de l'article 2111 ne confère pas à ceux qui l'ont prise un droit de préférence
qu'ils puissent invoquer même contre leurs co-créanciers, nous pouvons maintenant résoudre les diverses
questions qui peuvent se présenter.

Prenons d'abord l'hypothèse la plus simple : Deux

(1) Voir MM. Aubry et Rau, sur Zachariæ, p. 334, note 43 ; M. Duranton,
tom. 19, n. 225 et 226.

créanciers chirographaires du défunt se sont inscrits, l'un dans les six mois de l'ouverture de la succession, l'autre postérieurement, après ce délai expiré, ou même il ne s'est pas inscrit du tout. Le conflit ne s'élevant qu'entre eux, ils devront concourir ensemble au marc le franc, si le bien séparé ne suffit pas pour les payer intégralement, puisque la séparation des patrimoines leur laisse à chacun leur portion respective, c'est-à-dire des droits égaux, et que l'inscription prise par le premier n'a pas pour effet de lui conférer un droit de préférence sur le second (1).

Si nous supposons que c'est un légataire qui s'est inscrit dans les six mois, et que le conflit s'élève entre lui et un créancier qui s'est inscrit tardivement ou même ne l'a point fait, la séparation des patrimoines ne changeant encore rien aux rapports qui existent entre eux et n'attribuant pas au premier, par suite de l'inscription qu'il a prise dans le délai fixé, une préférence sur le second, le créancier sera payé avant le légataire, car les legs ne sont jamais acquittés sur les biens que déduction faite des dettes (2).

Le conflit est plus difficile à régler lorsqu'il s'élève entre des créanciers héréditaires, dont les uns ont pris inscription dans le délai de six mois et dont les autres ont négligé l'accomplissement de cette formalité, d'une part, et des créanciers personnels de l'héritier qui ont acquis hypothèque et pris inscription sur les immeu-

(1) M. Zachariæ, tom. IV, p. 334, 2; M. Duranton., tom. XIX, n. 226; M. Dufresne, n. 98.

(2) M. Duranton, id.

bles de la succession, d'autre part. Il s'agit de déterminer quelle doit être l'étendue de la préférence dont les créanciers héréditaires, qui se sont conformés à la disposition de l'article 2111, jouissent à l'égard des créanciers personnels de l'héritier également inscrits. Faut-il les colloquer pour toute la somme qu'ils ont inscrite ? Si nous nous rappelons ici ce que nous disions plus haut : que la séparation des patrimoines reste tout à fait étrangère aux rapports des créanciers entre eux et qu'elle laisse leur condition parfaitement intacte; que l'inscription prise en conformité de l'article 2111 n'opère qu'au regard des créanciers de l'héritier; que c'est dans leur intérêt seulement et afin de les avertir, lorsqu'ils voudraient traiter avec l'héritier, de la situation véritable des immeubles de la succession, que cette formalité a été prescrite, et que si son accomplissement conserve aux créanciers héréditaires un droit de préférence, c'est contre les créanciers de l'héritier seulement et non pas à l'égard des créanciers héréditaires eux-mêmes, qui ont négligé d'inscrire à temps leur droit de séparation ; que dès lors cette négligence de leur part, en compromettant leur droit de préférence, puisqu'ils ne pourront plus l'exercer contre les créanciers de l'héritier inscrits avant eux, une fois le délai de six mois expiré, ne saurait cependant tourner à l'avantage de ceux des créanciers héréditaires qui ont eu soin de sauvegarder le leur d'une manière absolue, puisque cette formalité n'a pas trait à leurs rapports entre eux, nous devons reconnaître que le créancier de la succession, inscrit dans les six mois de son

ouverture, lorsqu'il n'y a que des dividendes à recevoir, n'obtiendra pas la totalité de ce qui lui est dû,
mais bien seulement la somme qu'il aurait touchée par
suite d'un partage fait au marc le franc entre tous les
créanciers héréditaires, si tous avaient été également
diligents à s'inscrire. Il primera donc pour cette somme
le créancier personnel de l'héritier ; quant à celui-ci,
il devra primer jusqu'à parfait paiement les créanciers
héréditaires qui ont négligé de s'inscrire dans les six
mois et ne se sont inscrits qu'après lui.

Ainsi, soient deux créanciers héréditaires pour chacun une somme égale, et à partager le prix des immeubles héréditaires, qui ne s'élève qu'aux trois quarts
du montant des deux créances. Les deux créanciers,
ayant des droits égaux, recevraient chacun, en prenant
le soin l'un et l'autre de s'inscrire dans le délai utile,
un dividende inférieur d'un quart à la somme totale
qui leur est due. Mais le premier créancier seul s'est
inscrit dans les six mois de l'ouverture de la succession ; puis un créancier hypothécaire de l'héritier s'est
inscrit ; et seulement après lui, le second créancier du
défunt s'est inscrit après l'expiration du délai de six mois.
Le premier créancier prendra une somme égale à celle
qu'il aurait eue s'il se fût agi de partager entre lui et le
second créancier, au marc le franc, le prix de l'immeuble vendu. Le créancier personnel de l'héritier prendra
ensuite toute la somme pour laquelle il a pris inscription,
et, s'il reste encore quelque chose, il faudra l'attribuer
au second créancier héréditaire, tardivement inscrit. Le
premier créancier qui a fait toutes ses diligences, ne

pourrait, invoquant là maxime : *Si vinco vincentem te, a fortiori te vincam*, prétendre toucher la part attribuée au second créancier, car l'application de cette règle n'a lieu que quand la cause de préférence d'un premier créancier sur le second est la même que celle qui fait préférer celui-ci à un troisième; et les inscriptions des créanciers héréditaires, qui leur assurent, suivant le temps où elles sont prises, une cause de préférence absolue ou relative contre les créanciers de l'héritier, restent inefficaces dans les rapports des créanciers du défunt entre eux. Quant à la collocation intégrale du créancier de l'héritier, de telle sorte que le second créancier héréditaire pourra ne rien recevoir, elle résulte de ce que celui-ci a perdu son droit de préférence produit par la séparation des patrimoines, vis-à-vis du créancier de l'héritier, en ne s'inscrivant qu'après lui et postérieurement au délai de six mois depuis l'ouverture de la succession; et ce dernier doit évidemment jouir dans son intégrité du droit de préférence que son hypothèque régulièrement inscrite lui a conféré. (1)

(1) M. Dufresne, n° 108; — MM. Aubry et Rau, sur Zachariæ, p. 337, note 44; — M. Duranton, t. 19, n° 227; toutefois, M. Duranton ne colloque pas intégralement le créancier hypothécaire de l'héritier; le premier créancier du défunt qui s'est inscrit utilement avait pris inscription pour toute la somme qui lui était due, bien qu'en réalité il n'en ait touché que les 3/4; lorsque le créancier hypothécaire de l'héritier s'est inscrit, il a su ou dû savoir que le bien était grevé par l'inscription de toute la somme due à ce premier créancier du défunt; il n'a donc dû avoir égard qu'à l'excédant de valeur de l'immeuble; et, en conséquence, M. Duranton attribue la différence entre la somme pour laquelle le premier créancier du défunt s'était inscrit et celle qu'il touche réellement, au second créancier tardivement inscrit, préférablement au créancier de l'héritier, ce qui porte évidemment atteinte au droit de préférence dont ce dernier doit jouir, en vertu de son hypothèque régulièrement inscrite, sur le second créancier du défunt qui a perdu vis-à-vis de lui, d'une manière absolue, faute d'inscription prise en temps utile, le bénéfice de la séparation des patrimoines.

Il faudrait suivre un mode de répartition analogue si le conflit s'élevait entre des légataires du défunt et des créanciers hypothécaires de l'héritier, lorsque, parmi les légataires, les uns se seraient inscrits dans le délai de six mois, à partir de l'ouverture de la succession, et que les autres ne l'ont fait qu'après ce délai et postérieurement aux inscriptions prises par les créanciers de l'héritier (1).

Lorsque le concours existe entre des légataires et des créanciers du défunt, et des créanciers hypothécaires de l'héritier, les légataires étant inscrits dans le délai de l'article 2111, et les créanciers du défunt seulement après ceux de l'héritier, il faut rechercher d'abord quelle somme le paiement des créanciers du défunt l'eût laissée disponible ; on la partagera entre les légataires, les créanciers hypothécaires de l'héritier seront ensuite payés ; et s'il reste encore des deniers à distribuer, il faudra les attribuer aux créanciers du défunt qui ne se sont inscrits qu'après le délai de six mois et aussi après les créanciers de l'héritier. Par exemple, il s'agit de distribuer une somme de 10,000 francs, provenant de la vente des immeubles de la succession. Un légataire s'est inscrit dans le délai voulu pour 4,000 francs ; un créancier hypothécaire de l'héritier s'est inscrit ensuite pour 6,000 francs ; et enfin les créanciers du défunt se sont inscrits pour une somme totale de 8,000 francs. La somme dont le défunt pourrait disposer en faisant des legs, déduction faite de ses dettes, était donc de 2,000 francs ; c'est cette somme que le légataire devra

(2) M. Dufresne, n° 38.

toucher ; puis le créancier hypothécaire de l'héritier recevra les 6,000 francs pour lesquels il a pris inscription ; et enfin les créanciers chirographaires du défunt partageront entre eux au marc le franc, les 2,000 francs qui restent disponibles. Ceux-ci ne pourraient se plaindre et élever des prétentions sur les 2,000 francs attribués au légataire ; leurs rapports réciproques ont été respectés ; le légataire qui a pris toutes ses précautions doit être protégé par la maxime : *Vigilantibus jura subveniunt ;* il n'exerce point un droit de préférence au préjudice des créanciers, puisqu'il ne reçoit réellement que la somme dont le testateur a pu disposer, déduction faite de ses dettes ; quant aux créanciers qui ont eu le tort de se laisser primer par le créancier hypothécaire de l'héritier, ils ne sauraient être admis à faire retomber sur les légataires les conséquences de leur négligence, et ils doivent seuls les supporter. Mais si le montant de la somme due aux créanciers du défunt, et pour laquelle ils se sont tardivement inscrits, était supérieure ou égale à la valeur de la somme à partager, le défunt, ayant laissé un actif inférieur à son passif, n'a pu faire de libéralités, et, puisque les legs ne doivent être payés que déduction faite des dettes, le légataire dans cette hypothèse, même inscrit dans le délai de six mois, ne pourra rien réclamer ; les créanciers héréditaires inscrits après le créancier hypothécaire de l'héritier toucheront ce qui pourra rester encore à distribuer sur le prix, après le paiement intégral de ce dernier. (1)

Les mêmes principes et les mêmes distinctions nous

(1) Zachariæ, p. 340, note 45.

amèneraient également aux mêmes solutions dans le cas où il s'agirait de régler le concours entre un créancier chirographaire du défunt, inscrit régulièrement dans les six mois, depuis l'ouverture de la succession, un créancier hypothécaire de l'héritier inscrit après lui, et enfin un créancier hypothécaire du défunt, qui n'a pas pris à temps l'inscription prescrite par l'article 2111, et qui n'a inscrit son hypothèque qu'après celle du créancier de l'héritier. (1)

Dans l'hypothèse que nous faisions tout à l'heure, en cas de concours entre un légataire et des créanciers du défunt, et des créanciers hypothécaires de l'héritier, nous avons supposé que les créanciers du défunt avaient utilement conservé leur droit de préférence à l'égard des légataires, en s'inscrivant postérieurement aux créanciers hypothécaires de l'héritier : autrement les légataires auraient pu demander à être payés par proportion et au marc le franc sur la somme restée libre après le paiement intégral du créancier hypothécaire de l'héritier sur le prix provenant de la vente des immeubles de la succession, tout comme les créanciers chirographaires du défunt. En effet, lorsque la succession est acceptée purement et simplement par l'héritier, les créanciers et les légataires du défunt deviennent les créanciers personnels de celui-ci; à partir de ce moment, leurs deux patrimoines confondus sont le gage commun de tous ceux envers lesquels l'héritier se trouve obligé, soit en son nom personnel, soit comme représentant son auteur. Les créanciers héréditaires, en ne

(1) V. M. Dufresne, n° 106.

demandant point la séparation des patrimoines, ne pourraient plus invoquer contre les légataires la maxime : *Nemo liberalis nisi liberatus* (1); et exiger que leurs créances soient payées sur les biens de la succession préférablement aux legs, puisque ces biens n'ayant plus désormais une origine distincte et séparée, sont devenus le gage commun des uns et des autres. De plus, les créanciers chirographaires du défunt et même ses créanciers ayant une hypothèque ordinaire ou priviligiée, mais qu'ils n'auraient pas encore eu besoin de faire inscrire, seraient même exposés à se voir préférer les légataires qui auraient inscrit l'hypothèque générale que leur confère l'article 1017 sur les immeubles de la succession. Pour échapper à ce résultat, et afin de pouvoir prétendre à un droit de préférence envers les légataires, les créanciers héréditaires doivent donc le sauvegarder au moyen de la séparation des patrimoines et de l'inscription requise pour la conservation de ce

(1) Il faut supposer ici que les legs sont effectivement dus. En acceptant purement et simplement la succession, l'héritier s'est engagé à payer les dettes du défunt, même *ultra vires successionis* (art. 724), et cela parce que l'héritier représente le défunt et continue sa personne, et qu'il existe une solidarité d'honneur entre les divers membres de la famille. Mais on décide généralement, ainsi qu'on l'admettait dans l'ancien droit, que l'héritier ne doit acquitter les legs qu'*intra vires successionis*. En effet, il ne les doit que comme successeur aux biens, et non comme représentant le défunt, qui ne les devait pas lui-même (M. Bugnet, sur Pothier, tom. VIII, p. 210). L'héritier peut donc faire prononcer la caducité ou la réduction des legs, lorsqu'ils dépassent la valeur de la succession, déduction faite des dettes. Ses créanciers peuvent user du même droit de son chef, conformément à l'art. 1166, et par conséquent aussi les créanciers du défunt, qui n'ont point recours au bénéfice de séparation des patrimoines. De cette façon ils pourront ne subir ni l'hypothèque des légataires sur les immeubles héréditaires, ni leur concurrence sur le mobilier héréditaire ou non; mais il faut, pour cela, être à même de prouver que, dès l'origine, le patrimoine du défunt était insuffisant pour le paiement des legs (M. Demante, tom. III, p. 343).

droit de préférence qui en découle. Ces expressions de l'article 2111 : « à l'égard *des créanciers des héritiers* » doivent évidemment comprendre non-seulement ceux envers lesquels l'héritier est personnellement obligé de son propre chef, mais encore ceux vis-à-vis desquels il se trouve engagé comme représentant le défunt, et qui auraient intérêt à se prévaloir de la confusion des patrimoines, notamment les légataires dans leurs rapports avec les créanciers du défunt (1). — D'un autre côté, un créancier héréditaire ou un légataire, comme étant devenu créancier personnel de l'héritier, peut se faire consentir par lui ou obtenir contre lui des sûretés spéciales sur les biens de la succession ; si la confusion des deux patrimoines est maintenue, ces sûretés resteront évidemment valables à l'égard des autres créanciers ou légataires de la succession. Si ceux-ci veulent qu'elles soient pour eux considérées comme non avenues, il faut donc qu'ils fassent cesser la confusion qui s'est opérée de plein droit entre les deux patrimoines ; et cela au moyen de la séparation des patrimoines et de l'inscription prise dans les six mois de l'ouverture de la succession, conformément à l'article 2111, pour conserver le droit de préférence qui en résulte. Ici encore on peut dire que le créancier ou le légataire qui a obtenu de l'héritier une sûreté spéciale, et qui, pour en profiter, a naturellement intérêt à se prévaloir de la confusion des patrimoines, est apparemment, dans ses rapports avec les autres créanciers ou légataires de la succession, un créancier de l'héritier ; et qu'ainsi il se

(1) M. Dufresne, n°ˢ 37 et 65.—Zachariæ, p. 333, note 41.

trouve compris sous l'expression dont se sert l'article 2111 (1).

§ IV.

SUR QUELS BIENS ET PENDANT COMBIEN DE TEMPS LA SÉPARATION DES PATRIMOINES PEUT ÊTRE DEMANDÉE.

Nous savons déjà que le bénéfice de séparation des patrimoines s'applique aux meubles comme aux immeubles ayant appartenu au défunt. Nous savons aussi que le droit de demander la séparation ne peut être exercé, quant aux meubles de la succession, que pendant trois ans (2). On comprend quel est le motif de cette déchéance. Une fois ce laps de trois années écoulé, il est probable, alors même que l'héritier aurait conservé entre ses mains les biens mobiliers de l'hérédité, que ceux-ci se sont tellement confondus avec les siens propres, qu'il ne doive plus être désormais possible de les distinguer et de les en séparer.

En droit romain, les créanciers héréditaires qui voulaient demander la séparation des biens de leur débiteur primitif, devaient aussi le faire, non-seulement tandis que les choses étaient encore entières et susceptibles d'être distinguées, *rebus integris*, mais encore dans un délai de cinq années, tant à l'égard des meubles que des immeubles de la succession. Ce délai commençait à courir de l'adition d'hérédité (3). Quel doit être aujourd'hui le point de départ de la prescription du droit de demander la séparation des patrimoi-

(1) Zachariæ, p. 334, note 42.
(2) Art. 880.
(3) Dig. de Séparat., loi 1, § 13, Ulp.

nes ? Est-ce le jour de l'ouverture de la succession ou bien seulement le jour de son acceptation par l'héritier ? Il est bien vrai que c'est surtout en vue de la personne de celui-ci, par la considération de son état d'insolvabilité, que les créanciers du défunt se détermineront à user du bénéfice que la loi leur accorde ; mais l'acceptation que l'héritier peut faire de l'hérédité n'est soumise à aucun délai, et il est possible qu'elle soit pendant assez longtemps différée ; d'ailleurs, une fois qu'elle est faite, son effet remonte au jour de l'ouverture de la succession. La confusion des meubles a paru au législateur devoir être consommée après trois ans. La prescription d'un droit doit naturellement commencer à courir du jour où ce droit peut être exercé ; or, dès le moment de l'ouverture de la succession, l'héritier se trouve saisi de plein droit de tous les biens, de tout ce qui compose l'ensemble de l'hérédité ; et c'est dès ce moment aussi que les créanciers de la succession peuvent et doivent agir, soit pour exercer leur droit de séparation des patrimoines, soit pour prendre les mesures conservatoires que nous avons précédemment indiquées, afin de sauvegarder leur droit et de l'empêcher d'être atteint par la prescription. Il est possible sans doute que, jusqu'à ce qu'il ait accepté l'hérédité qui lui est échue et dont il est saisi par la loi, l'héritier vienne à y renoncer (1); mais cette faculté, qui n'est qu'une exception qui lui est personnelle, ne doit pas empêcher les créanciers du défunt d'exercer leurs actions et de veiller à leurs droits. Ils verront plus

(1) Art. 789.

tard s'il y a lieu pour eux de prendre aussi leurs précautions contre l'héritier qui viendra prendre la place du renonçant, et de continuer à user du bénéfice de séparation des patrimoines. Enfin, tant que l'héritier saisi n'a pas pris qualité et qu'il se trouve encore dans les délais pour faire inventaire et délibérer, il lui sera loisible, il est vrai, d'invoquer, contre les poursuites dirigées envers lui par les créanciers ou les légataires du défunt, l'exception dilatoire dont la loi lui permet d'user à leur égard (1) ; mais ce bénéfice n'annule pas la demande des créanciers ; les effets en sont seulement suspendus momentanément, et, bien que l'examen en soit retardé, elle ne laisse pas néanmoins d'être valablement formée et notamment d'interrompre la prescription ; la demande en séparation des patrimoines n'est au surplus qu'un acte conservatoire que l'article 797 n'interdit pas aux créanciers de faire, puisqu'il n'a pour but que d'empêcher aucune condamnation d'intervenir contre l'héritier pendant le temps qui lui est accordé pour faire inventaire et délibérer (2). Après que ce délai de trois mois et quarante jours sera expiré, les créanciers pourront forcer l'héritier à prendre un parti (3).

Quant aux immeubles de la succession, les créanciers héréditaires peuvent demander la séparation des

(1) Art. 797, Cod. Nap., 174, Ced. proc. civ.

(2) M. Dufresne, n. 56 ; Chabot, art. 880, n. 3 ; M. Duranton, tom. VII, n. 482 ; M. Dalloz, *Success.*, n. 1441 ; Cass., 7 avril 1810 ; M. Merlin, *Quest. de droit* ; Séparat. des patr., § 2 ; *Contra.* MM. Aubry et Rau, sur Zachariæ, tom. IV, p. 325, note 27.

(3) Art. 800.

patrimoines, aux termes de l'art. 880, « tant qu'ils existent dans la main de l'héritier. » La rédaction de cet
article, qui, dans sa première disposition, avait fixé une
prescription relativement aux biens mobiliers de l'hérédité, semble, relativement aux biens immobiliers,
soustraire l'action des créanciers du défunt à la règle
générale d'après laquelle toutes actions, tant réelles
que personnelles, sont prescriptibles par trente années (1). Cette règle, d'ailleurs, n'est pas sans exceptions (2). L'action en séparation des patrimoines doit
donc être considérée comme étant imprescriptible ; ou,
du moins, mesure accessoire et conservatrice, droit
auxiliaire, elle doit durer aussi longtemps que le droit
principal qu'elle est destinée à garantir et ne s'éteindre
qu'avec la créance pour la sûreté de laquelle elle a été
établie (3).

Nous avons déjà vu encore que, si l'aliénation,
en faisant sortir les biens héréditaires des mains de
l'héritier, éteint par là le droit des créanciers et des légataires de la succession de demander la séparation des
patrimoines, ceux-ci peuvent cependant exercer leur
droit à l'égard du prix, lorsqu'il se trouve encore dû
par l'acquéreur, et qu'ainsi il ne s'est point matériellement confondu avec les biens propres de l'héritier, ce
qui mettrait obstacle à leur action. A ce moment, en
effet, les choses peuvent être considérées comme étant
encore entières ; le prix, tant qu'il est dû, constitue vé-

<hr>

(1) Art. 2262.

(2) Voir art. 328, 2257.

(3) M. Dalloz, *Success.*, n. 1451 ; Zachariæ, p. 325 et note 28.

ritablement une valeur héréditaire ; c'est une chose qui provient *ex hæreditate* (1), et à l'égard de laquelle le droit de séparation des patrimoines doit, par conséquent, pouvoir recevoir son application ; de plus, c'est une chose qui est actuellement distincte du patrimoine personnel de l'héritier; et, puisque la fin que se proposent les créanciers héréditaires, en demandant la séparation des biens du défunt, est d'être exclusivement payés sur le prix qui proviendra de la vente de ces mêmes biens, l'exercice de leur droit se trouve en quelque sorte facilité (2). Si, dans cette hypothèse, nous supposons que c'est un immeuble de la succession qui a été aliéné par l'héritier, faudra-t-il assimiler, quant à la prescription de la demande en séparation des patrimoines, le prix qui est encore dû à l'immeuble lui-même ? ou bien faut-il dire que l'action des créanciers du défunt sera prescrite lorsqu'ils auront laissé s'écouler trois années sans agir, soit pour user de leur droit de séparation des patrimoines, soit pour prendre les mesures conservatoires de leur droit? En admettant cette dernière solution, il faudrait tout d'abord reconnaître que le point de départ de la prescription serait alors, non plus le moment de l'ouverture de la succession, mais bien celui de l'aliénation. Mais l'art. 880, en établissant, à l'égard des meubles de l'hérédité, la prescription de trois ans, n'a eu vraisemblablement en vue que les choses mobilières qui existaient à l'époque

(1) Dig. de Separat., loi 5, Paul.

(2) M. Dufresne, n. 46 ; Zachariæ, p. 321 et note 17; M. Dalloz, *Success.*, n. 1457; Toullier, tom. IV, n. 541.

de l'ouverture de la succession, tandis qu'ici il s'agit d'une valeur mobilière, il est vrai, mais qui se trouve représenter un immeuble qui ne tombait point dès l'origine sous le coup de cette prescription. D'ailleurs, le motif sur lequel celle-ci repose n'existe point dans notre espèce ; en l'édictant, le législateur a pensé qu'après trois ans les meubles de l'hérédité seraient confondus avec ceux de l'héritier, à un point tel qu'on ne pourrait plus, désormais, les distinguer les uns des autres ; or, la déchéance fondée sur cette présomption de confusion ne doit point atteindre le prix non encore payé des immeubles aliénés, puisque toute confusion de ce prix avec les biens de l'héritier est en réalité impossible (1). Nous pouvons, du reste, répéter ici ce que nous avons eu déjà l'occasion de dire dans le paragraphe précédent : c'est que, pour que les aliénations consenties par l'héritier fassent perdre aux créanciers du défunt l'exercice du droit de séparation des patrimoines, il faut les supposer faites de bonne foi ; car si elles avaient été faites en fraude de leurs droits, les créanciers et les légataires de la succession pourraient évidemment user de la ressource que leur confère l'article 1167 et les attaquer par voie d'action paulienne (2).

Indépendamment de la prescription et de l'aliénation, qui éteignent le droit des créanciers de la succession de demander la séparation du patrimoine de leur débiteur primitif, une autre circonstance, — qui ne se présentera pas, sans doute, relativement aux immeubles

____

(1) Cass., 22 juin 1841 ; M. Dalloz, n. 1464 ; Zachariæ, p. 326 et note 29.
(2) M. Duranton, tom. VII, n. 491 ; M. Dalloz, 1456.

et aux meubles incorporels de l'hérédité, parce que ce sont des choses qui, par leur nature, peuvent toujours être reconnues et distinguées des biens de l'héritier, — la confusion matérielle des meubles corporels héréditaires avec ceux de l'héritier pourrait paralyser, en fait, l'exercice du droit de séparation des patrimoines, alors même qu'on se trouverait encore dans le délai de trois ans, à partir de l'ouverture de la succession (1). Au surplus, quoique le droit de préférence résultant de la demande en séparation porte sur l'hérédité tout entière et embrasse tous les biens dont elle se compose, il est bien clair que, lorsque les créanciers ou les légataires du défunt ont perdu leur action à l'égard de certains biens de la succession, ils sont encore admis à l'exercer sur les autres, de la même façon que l'ensemble du patrimoine de tout débiteur étant, aux termes des art. 2092 et 2093, le gage commun des créanciers, ceux-ci conservent évidemment le droit d'agir sur la partie de leur gage qui est restée aux mains de leur débiteur, tandis qu'ils l'ont perdu à l'égard de l'autre partie dont il a disposé (2).

Le droit de séparation des patrimoines s'appliquant, ainsi que nous venons de le dire, à toutes les valeurs héréditaires, à tout ce qui est advenu à l'héritier *ex hæreditate*, ce même bénéfice doit s'étendre aussi aux fruits naturels ou civils produits par les biens de la succession, existants au moment de la demande, lorsque

______

(1) M. Demante, tome III, n. 221 bis, III ; Dig. de Separat, loi 1, § 12, Ulp. ; Zachariæ, p. 323.

(2) Zachariæ, p. 323 ; note 21 ; M. Dalloz, *Success.*, n. 1449 ; M. Dufresne, n. 86.

leur origine et leur identité se trouvent dûment constatées, Il n'y a pas à distinguer entre ceux perçus avant la demande et ceux échus depuis, sous prétexte que les premiers n'ont jamais fait partie du patrimoine du défunt (1). On pourrait en dire autant des seconds. La séparation des patrimoines opère de plein droit, ainsi que le disait Lebrun (2), et la demande qu'en font les créanciers, pour profiter du bénéfice qu'elle leur confère, rétroagit au jour de l'ouverture de la succession. Le principe sur lequel cette institution et la préférence qui en résulte sont fondées, c'est que l'héritier ou ses créanciers ne peuvent retirer aucun avantage de la succession, sans que les dettes et les charges dont elle est grevée aient été préalablement acquittées (3). On suppose, en faveur des créanciers héréditaires, qu'il n'y a pas eu confusion des patrimoines; les choses se passent à leur égard comme si le défunt vivait encore, et la conséquence de cette fiction doit être naturellement de leur faire attribuer exclusivement aussi les fruits du patrimoine sur lequel ils demandent à être séparément payés (4).

Par suite de la même fiction, la confusion des deux patrimoines du défunt et de l'héritier étant considérée comme non avenue vis-à-vis des créanciers et des légataires de la succession qui en demandent la séparation, toutes les actions que le premier pouvait avoir

(1) Grénier, *Hypoth*, II, 436.

(2) *Traité des success.*, liv. IV, chap. II, sect. 1, n. 24.

(3) Pothier, *Traité des success.*, chap. V, art. 4, *Séparat. des patrim*,

(4) M. Dufresne, n. 118; MM. Aubry et Rau, sur Zachariæ, p. 322, notes 18 et 19.

contre le second et qui se trouvaient éteintes par la
réunion sur la tête de celui-ci des deux qualités de
créancier et de débiteur (art. 1300), devront renaître;
en conséquence, les créanciers du défunt pourront, par
exemple, faire rentrer dans le patrimoine héréditaire
les choses que l'héritier tenait de son auteur, à titre de
prêt, de louage, etc. Ces choses pourront alors former
l'objet de la demande en séparation; en un mot, celle-
ci s'applique à tous les biens qui composaient la fortune
du défunt, à tous les droits et actions qu'il pouvait
exercer, comme, par exemple, la faculté de rachat,
lorsqu'il avait vendu un de ses biens à réméré, ou
bien encore, le cas échéant, l'action ou résolution d'une
vente qu'il avait consentie, etc. (1).

Nous venons de dire tout à l'heure que lorsque
l'héritier a aliéné un bien héréditaire, et que le prix
ne lui en a pas encore été payé, on considère ce prix
comme remplaçant la chose, et la séparation des patrimoines comme pouvant s'y appliquer. Il faudrait
en dire autant dans le cas où l'héritier aurait aliéné le
bien de la succession, non pas moyennant une somme
d'argent, mais à titre d'échange, pour un autre bien
qui se trouverait entre ses mains. Ce bien, en effet,
représente également celui qui a été échangé, et le
contrat d'échange ne diffère de la vente qu'en ce que
chacune des choses échangées est en même temps la
chose et le prix (2).

Ce qui fait prendre aux créanciers et aux légataires

<hr>

(1) Art. 1654 et 1658, Cod. Nap. — Voir M. Dufresne, n. 49, 50, 51 et 53.
(2) Zachariæ, p. 321-3°. M. Dalloz, n. 1455; M. Dufresne, n. 48.

de la succession l'exercice de leur droit de séparation des patrimoines sur les biens héréditaires, c'est leur aliénation consommée, c'est-à-dire la transmission que l'héritier a faite à autrui du droit de propriété qu'il avait sur eux. Nous avons étudié précédemment, relativement aux hypothèques consenties par l'héritier sur les immeubles de la succession, les modifications apportées par les art. 2111 et 2113 à ce principe, que la séparation est possible tant que l'héritier ne s'est pas dessaisi de la propriété des choses qui ont appartenu au défunt.

Ce que nous venons de dire des aliénations faites par l'héritier des biens héréditaires devrait apparemment s'appliquer aussi aux hypothèses dans lesquelles il aurait consenti à des tiers, sur ces mêmes biens, des démembrements partiels du droit de propriété. Nous ne pouvons examiner le principe que nous énoncions tout à l'heure dans le détail de toutes ses applications possibles aux divers actes faits par l'héritier sur le patrimoine de la succession. Nous penserions que les créanciers héréditaires devraient respecter les actes de pure administration, par exemple les baux faits, dans cette limite, par l'héritier (1), ce qui, du reste, ne mettrait point obstacle à l'exercice de leur droit de séparation des patrimoines, puisque les biens dont il s'agit seraient toujours restés en la propriété de ce dernier. Par la même raison, ils pourraient réclamer le bénéfice de la séparation relativement à des biens ayant appartenu au défunt et que l'héritier aurait remis

(1) Argum. d'analogie de l'art. 803.

à des tiers, à titre de prêt ou de dépôt, ou encore qu'il aurait donnés en gage à ses créanciers personnels; car, dans ces différentes hypothèses, il ne se serait pas non plus dépouillé de son droit de propriété (1). D'ailleurs, les biens engagés par l'héritier, avant de l'avoir été par lui, se trouvaient l'être déjà tacitement au paiement des dettes et des charges de la succession; et ce n'est qu'avec cette condition que celui-ci a dû pouvoir les affecter à la sûreté de ses créanciers personnels (2).

Il nous reste à rappeler, en terminant sur ce point, la règle que nous avons déjà rencontrée dans notre ancienne jurisprudence, savoir : que la séparation des patrimoines ne peut comprendre les biens rentrés par suite de rapport dans la masse héréditaire. L'obligation du rapport a pour but de maintenir l'égalité des partages; et les biens donnés par le défunt à l'un de ses successibles ne sont réputés biens de la succession que par une fiction introduite en faveur des héritiers et dans leur seul intérêt (3). Ces biens avaient cessé de faire partie du patrimoine du défunt, et, par conséquent, de servir de gage à ses créanciers. L'art. 857 dispose d'ailleurs formellement que le rapport n'est point dû aux créanciers et aux légataires de la succession. Il en est de même des biens fictivement compris dans la masse pour le calcul de la quotité disponible, et les créanciers héréditaires ne peuvent pas profiter des

_____

(1) Toullier, tom. IV, n. 542; voir Domat, liv. III, tit. 2, sect. I, n. 6 et 7; M. Dalloz, n. 1454; M. Dufresne, n. 44 et 45.

(2) Cfr. Pothier, édit. de M. Bugnet, tom. VIII, p. 219.

(3) Pothier, tom. VIII, p. 220.

choses données par le défunt et qui reviennent à l'héritier par l'effet de la réduction (art. 921 et 922) (1).

§ V.

DES EFFETS DE LA SÉPARATION DES PATRIMOINES.

Nous avons étudié, dans les deux paragraphes précédens, la plupart des effets de la demande en séparation des patrimoines ; nous les avons considérés, relativement aux biens héréditaires, dans les différentes hypothèses où l'héritier les a gardés entre ses mains, où il les a aliénés ou bien les a hypothéqués à ses créanciers personnels. Nous avons vu que le bénéfice résultant de la séparation ne constituait au profit des créanciers et des légataires de la succession qu'un simple droit de préférence, qu'il ne leur conférait point un droit de suite contre les tiers détenteurs, qu'il devait leur permettre cependant de se faire payer, sans tenir compte de la division des dettes entre les cohéritiers, jusqu'à concurrence de la valeur de la portion que chacun d'eux avait reçue du patrimoine du défunt; nous avons en outre étudié les effets de la demande en séparation relativement aux rapports des créanciers héréditaires entre eux, et nous avons vu qu'elle n'apportait pas de changement à leur position respective qu'ils conservaient les uns vis-à-vis des autres comme si leur débiteur primitif vivait encore. Enfin nous les avons étudiés dans les relations de ces créanciers avec les légataires institués par le défunt.

(1) M. Duranton, tom. VII, n. 493; M. Dufresne, n. 52; M. Dalloz, n. 1460; Zachariæ, p. 322 et 323, et note 20.

Il nous reste maintenant à considérer les effets du bénéfice de séparation des patrimoines réclamé par les créanciers et les légataires de la succession, quant à leurs rapports avec l'héritier lui-même et avec ses créanciers personnels.

Malgré la demande en séparation des patrimoines, la propriété des biens du défunt n'en continue pas moins à reposer sur la tête de l'héritier ; celui-ci demeure toujours héritier et, par suite, propriétaire de l'hérédité qui lui a été transmise par le décès de son auteur (1) ; c'est par une fiction introduite en faveur des créanciers de ce dernier que l'on considère un instant cette transmission comme non avenue, et la confusion des deux patrimoines comme n'ayant pas eu lieu ; mais les effets de cette fiction doivent cesser lorsqu'elle-même n'a plus de raison d'être ; ainsi, lorsque les créanciers et les légataires de la succession ont été intégralement payés sur les biens de l'hérédité, l'excédant, s'il y en a, reste dans le patrimoine de l'héritier et sert de gage à ses propres créanciers (2).

A l'inverse, si les biens de la succession ont été insuffisants pour désintéresser les créanciers héréditaires, ceux-ci pourront-ils recourir ensuite contre l'héritier sur ses biens personnels ? Dans quelles limites pourront-ils le faire ? en supposant, bien entendu, que celui-ci a accepté la succession purement et simplement, et non sous bénéfice d'inventaire, puisque, par l'effet de ce bénéfice, il se trouverait déchargé de l'obli-

---

(1) Voir Zachariæ, tom. IV, p. 341, et note 47.
(2) Dig. de Séparat., loi 1, § 17, Ulp

gation personnelle de payer les dettes du défunt et ne serait tenu de les acquitter qu'*intrà vires succes-sionis* (1).

Nous connaissons la controverse qui s'était élevée sur ce point entre les jurisconsultes romains, et les raisonnements sur lesquels s'appuyaient Paul et Ulpien pour refuser aux créanciers héréditaires le droit de poursuivre l'héritier, lors même que les biens de la succession n'avaient pu complétement les désintéresser. Se défiant de la solvabilité de l'héritier, ils se sont retirés de sa personne et de ses biens, ils ont refusé de l'accepter pour leur débiteur : ils doivent donc garder la position qu'ils se sont volontairement faite à eux-mêmes, et il faut les considérer comme étant déchus du droit de diriger désormais aucune poursuite contre sa personne et sur son propre patrimoine. Ainsi, séparation absolue entre les créanciers héréditaires, d'une part, et l'héritier avec ses créanciers personnels, d'autre part ; les choses se passent comme s'il y avait deux débiteurs et deux masses distinctes de biens à vendre pour servir au paiement de deux masses séparées de créanciers (2). Nous avons vu également que, déjà dans le droit romain, Papinien apportait un tempérament d'équité à tout ce qu'il y avait de rigoureusement logique dans ce principe et dans ses conséquences ; il pensait que les créanciers héréditaires devaient être admis, en cas d'insuffisance des biens de la succession pour leur entière satisfaction, à agir contre l'héritier, une fois ses propres dettes acquittées (3).

(1) Art. 802, Cod. Nap.
(2) Dig. de Separat, loi 1, § 17 et loi 5.
(3) *Id.* loi 3, § 2.

Cette décision, que Papinien proposait, en la fondant sur l'équité, avait, ainsi que nous l'avons précédemment constaté, prévalu dans notre ancienne jurisprudence française. Introduit en faveur des créanciers héréditaires, disait Pothier, le bénéfice de séparation des patrimoines ne devait pas être rétorqué contre eux : en demandant à leur profit exclusif la séparation des biens de leur débiteur primitif, ils n'ont point entendu libérer l'héritier de l'obligation personnelle qu'il a contractée vis-à-vis d'eux en acceptant l'hérédité ; ils n'ont voulu qu'une seule chose : écarter le concours de ses créanciers personnels sur le patrimoine qui avait appartenu au défunt, et se mettre par là à l'abri des dangers de son insolvabilité (1). La séparation des patrimoines, au dire de Lebrun, n'était point capable d'effacer les effets de l'adition d'hérédité; l'héritier conserve toujours sa qualité, et par conséquent reste soumis aux obligations qui en résultent pour lui (2). Cependant, bien qu'on le considérât comme continuant encore à être lié envers les créanciers héréditaires, malgré la séparation des patrimoines que ceux-ci avaient obtenue, on n'admettait pas qu'après avoir exercé leur droit de préférence sur les biens dont la succession se composait, et en cas d'insuffisance de ces derniers pour leur entière satisfaction, ils pussent venir ensuite en concours sur les biens de l'héritier, avec ses créanciers personnels; mais on les autorisait à diriger des poursuites contre lui, seulement une fois ses propres dettes acquittées; les créan-

(1) Pothier, édit. de M. Bugnet, tom. VIII, p. 220 et 221.
(2) Lebrun, Traité des success., liv. IV, chap. II, sect. 1, n. 26.

ciers de l'héritier et ceux du défunt devaient, en effet, être traités avec une égale réciprocité ; et l'équité voulait que, puisqu'on écartait la concurrence des premiers sur les biens de la succession, on écartât également la concurrence des seconds sur le patrimoine de l'héritier (1). Ainsi, à la différence de la doctrine enseignée par Paul et Ulpien, l'effet de la séparation des patrimoines, dans notre ancienne jurisprudence, n'était plus de faire supposer qu'il y avait encore deux débiteurs ; il n'y en a plus qu'un seul : l'héritier ; et c'est seulement entre les deux classes des créanciers du défunt, d'une part, et des créanciers personnels de l'héritier, d'autre part, que la séparation opère ; c'est quant à eux seulement qu'il y a deux masses d'actif et de passif : des biens et des dettes de la succession, des biens et des dettes de l'héritier. Une fois la séparation obtenue par les créanciers du défunt, elle profite à ceux de l'héritier ; et de la même façon que les seconds ne peuvent toucher aux biens de la succession qu'après le paiement de tous les créanciers héréditaires, ceux-ci ne doivent pouvoir toucher aux biens de l'héritier qu'après l'acquittement de ses propres dettes.

En étudiant l'institution de la séparation des patrimoines dans notre ancienne jurisprudence, nous avons vu qu'on était allé plus loin encore, et qu'au nom de l'équité, malgré les controverses qui s'étaient d'ailleurs élevées à ce sujet, on avait fini par reconnaître aux créanciers de l'héritier la faculté de demander directement eux-mêmes la séparation des biens de leur débi-

(1) Pothier, tom. VIII, p. 221.

teur; lorsque celui-ci avait accepté une succession mauvaise (1). L'art. 881 du Code civil a fait cesser les incertitudes qui existaient à cet égard; et nous savons pour quels motifs, revenant sur ce point au sentiment de Pothier et de Lebrun, il décide que ce n'est qu'aux créanciers de la succession qu'appartient le bénéfice de la séparation des patrimoines. Mais cette controverse une fois tranchée, le législateur, par son silence sur la question qui nous occupe, a laissé subsister les difficultés que présente sa solution.

Nous ne pensons pas que le système de Paul et Ulpien, qui consistait à considérer la séparation des patrimoines comme rompant tout rapport entre les créanciers qui la demandent et l'héritier, doive être suivi sous l'empire du Code. L'art. 879 dispose, il est vrai, que les créanciers héréditaires ne peuvent plus exercer leur droit de séparation quand ils ont accepté l'héritier pour débiteur; il pourrait donc sembler, à l'inverse, qu'en demandant à être payés sur les biens héréditaires séparés à leur profit exclusif, ils se refusent par là même à accepter l'héritier pour leur débiteur, ce qui devrait avoir pour conséquence de mettre les biens et la personne de ce dernier à l'abri de toute espèce de poursuites ultérieures de leur part, car l'art. 879 indique bien que les deux qualités de créancier du défunt et de créancier de l'héritier doivent être exclusives l'une de l'autre (2). Mais cet article n'a point la portée qu'on voudrait lui attribuer; il prononce simple-

<hr>

(1) Voir Domat, Séparat. — Pothier, tom. VIII, p. 221.

(2) M. Buguet, sur Pothier, tom. VIII, p. 221, note 2.

ment une déchéance contre les créanciers héréditaires et ne fait en cela que reproduire une règle qui était déjà suivie dans notre ancienne jurisprudence (1) ; rien ne prouve dès lors qu'il ait changé le système qui était adopté autrefois. Par l'acceptation pure et simple que l'héritier a faite de la succession qui lui était échue, les créanciers du défunt sont devenus ses propres créanciers : décider que la séparation des patrimoines a pour conséquence d'effacer cet effet de la saisine, ce serait reconnaître qu'elle est établie non-seulement pour les créanciers, mais encore pour l'héritier lui-même ; et ce n'est évidemment pas dans ce but qu'elle a été créée ; elle reste étrangère à ce dernier ; si le législateur l'a accordée aux créanciers héréditaires, c'est afin d'écarter sur les biens qui avaient appartenu à leur débiteur primitif le concours des créanciers propres de l'héritier (art. 878) ; dans les rapports de ces deux classes de créanciers entre eux, il y a bien deux patrimoines, deux actifs et deux passifs ; mais, quant à l'héritier lui-même, il n'y a en réalité qu'une seule masse de biens dont il est propriétaire, qu'une seule classe de créanciers dont il est le débiteur. Si, d'ailleurs, il veut se soustraire à l'obligation personnelle de payer les créanciers du défunt, la loi lui offre un moyen qui lui est propre, c'est d'accepter la succession, non pas purement et simplement, ainsi que nous supposons qu'il l'a fait, mais sous bénéfice d'inventaire, ce qui lui permettra de ne pas être tenu des dettes, même sur son patrimoine personnel. — Ainsi, après avoir reconnu que les créanciers

(1) Pothier, p. 220.

héréditaires conservent le droit d'agir contre l'héritier, il nous reste à rechercher dans quelles limites ils peuvent l'exercer.

On pourrait dire que, puisque l'héritier, par suite de son acceptation pure et simple, ne cesse pas, malgré la séparation des patrimoines, d'être personnellement obligé vis-à-vis des créanciers du défunt, devenus désormais les siens propres, ceux-ci doivent en conséquence avoir le droit de le poursuivre sur ses biens, non pas seulement, ainsi que le voulait Papinien, après le désintéressement de ses créanciers personnels, mais en concurrence avec eux. En effet, la prérogative dont peuvent jouir plusieurs créanciers déterminés d'être payés préférablement aux autres sur certains biens de leur débiteur, ne leur enlève pas la faculté de venir sur le reste de ses biens conformément au droit commun, c'est-à-dire en concours et au marc le franc avec ses créanciers chirographaires. Or, quel droit de préférence la séparation demandée par les créanciers du défunt confère-t-elle aux créanciers personnels de l'héritier sur ses propres biens? Où est leur hypothèque? Où est leur privilége? Ne serait-ce pas, du reste, reconstituer véritablement à leur profit le droit de séparation des patrimoines, et contrevenir ainsi à la règle de l'art. 881 (1)? Nous pensons cependant que les créanciers du défunt, lorsque les biens dont ils ont demandé la séparation se sont trouvés insuffisants pour leur entier paiement, ne peuvent revenir ensuite contre l'héritier qu'après que

(1) M. Niclas-Gaillard, *Revue critique.* 1856, tom. VIII, p. 193; Chabot, art. 878, n. 13, et la plupart des auteurs.

ses propres créanciers ont eux-mêmes été désintéressés. Sans doute, ce n'est pas relativement à l'héritier lui-même que la séparation des patrimoines est destinée à produire ses effets ; et c'est précisément par cette raison que l'idée d'un recours ultérieur contre lui peut être admise. Elle a pour but d'écarter, au profit des créanciers du défunt, sur les biens qui lui ont appartenu de son vivant, le concours des créanciers personnels de l'héritier ; mais, une fois obtenue, elle doit produire, relativement à ceux-ci, tous ses effets logiques et être suivie dans toutes ses conséquences naturelles. Les créanciers héréditaires, en usant du bénéfice que la loi leur accordait, ont demandé à être payés, quant aux créanciers de l'héritier, sur les biens de la succession, comme s'il y avait encore deux patrimoines distincts, deux masses d'actif et de passif. Comment pourraient-ils ensuite, sans se mettre en contradiction avec eux-mêmes, prétendre que leurs rapports avec les créanciers personnels de l'héritier doivent être réglés comme si en réalité il y avait eu confusion des deux patrimoines ? C'était à eux à voir s'il leur était à propos de se prévaloir du droit de préférence que la loi leur attribue ; mais ce droit de préférence repose sur une idée de séparation dont tous les effets doivent se produire pleins et entiers, sans qu'on puisse rejeter les uns, tout en admettant les autres. La doctrine qu'avait enseignée Papinien était suivie dans notre ancienne jurisprudence ; et, puisque le législateur a déclaré lui-même qu'il maintenait l'institution de la séparation des patrimoines telle qu'elle existait autrefois, puisque nous reconnaissons que les dispositions nouvelles du Code n'y ont pas apporté, quant au fond, de modifications, nous pensons que c'est à la même doctrine qu'il faut aujourd'hui encore se rattacher (1).

§ VI.

DU CAS OU LA SUCCESSION EST ACCEPTÉE PAR L'HÉRITIER SOUS BÉNÉFICE D'INVENTAIRE.

A côté du bénéfice de séparation des patrimoines, destiné à mettre les créanciers héréditaires à l'abri des dangers de l'insolvabilité de l'héritier, une institution analogue, celle du bénéfice d'inventaire, a pour but d'empêcher également en faveur de l'héritier la confusion du patrimoine du défunt avec le sien propre ; elle le place en dehors de cette alternative : ou de répudier une succession qui, une fois ses charges acquittées, pourrait cependant lui procurer quelque avantage, ou bien, en acceptant purement et simplement une hérédité dont l'actif pourra être de beaucoup absorbé par son passif, d'être indéfiniment obligé sur ses biens personnels de payer les dettes qui la grèvent : l'acceptation bénéficiaire permet à l'héritier de n'être tenu des charges de la succession que jusqu'à concurrence de l'émolument dont elle se compose ; elle est soumise à diverses conditions déterminées par la loi et entraîne un certain régime d'administration des biens héréditaires (2). Encore bien que les créanciers du défunt, usant du bénéfice qui leur appartient, fassent

(1) M. Demante, tom. III, p. 352 et 353 ; M. Marcadé, art. 881.
(2) Art. 793-810, Cod. Nap. ; — 980-996, Cod. proc. civ.

séparer le patrimoine de leur débiteur primitif de celui de l'héritier, afin que le prix qui en proviendra serve à les désintéresser exclusivement, l'héritier, de son côté, peut évidemment avoir intérêt à n'accepter la succession que sous bénéfice d'inventaire, afin d'empêcher que les créanciers héréditaires, lorsque les biens du défunt auront été insuffisants pour les payer intégralement, ne puissent ensuite poursuivre leur paiement sur ses biens propres, après l'acquittement de ses dettes personnelles.

A l'inverse, lorsque l'héritier a accepté la succession sous bénéfice d'inventaire, la séparation qui en résulte procure-t-elle aux créanciers héréditaires les mêmes avantages que la séparation des patrimoines proprement dite, qu'ils ont le droit de demander? sont-ils dispensés de l'invoquer eux-mêmes et de prendre sur les immeubles de la succession l'inscription prescrite par l'art. 2111 du Code civil?

L'effet de l'acceptation sous bénéfice d'inventaire est d'empêcher toute confusion entre les deux patrimoines du défunt et de l'héritier : le but de la séparation se trouve donc déjà atteint. Des mesures sont prises pour sauvegarder les intérêts des créanciers et des légataires de la succession ; ainsi, administrateur des biens héréditaires, l'héritier doit leur rendre compte de sa gestion (1); et, s'ils l'exigent, il est tenu de leur fournir une caution de la valeur de ces mêmes biens (2); de cette façon la loi a pourvu à ce que l'héritier ou ses

(1) Art. 803, Cod. Nap.
(2) Art. 807, Cod. Nap.

créanciers ne puissent rien retirer de la succession qu'après le désintéressement intégral des créanciers et des légataires du défunt.

L'héritier peut, il est vrai, renoncer, si bon lui semble, aux avantages qui lui sont propres; mais il ne saurait enlever à ces derniers les sûretés qui leur sont accordées, qui résultent pour eux de l'acceptation bénéficiaire et leur sont véritablement des droits acquis. En effet, s'il ne se conforme pas aux formalités prescrites pour la vente des biens de la succession, il peut être, sur la demande des créanciers héréditaires, déclaré déchu du bénéfice d'inventaire (1). Cette inobservation de sa part entraîne donc contre lui une peine qui ne peut évidemment préjudicier à ceux qui la font prononcer. Par ces motifs, il pourrait sembler que les créanciers et les légataires de la succession n'eussent aucun intérêt à réclamer une séparation qui existe déjà; et que l'inscription de l'art. 2111 n'eût pas seulement pour résultat d'entraîner des frais inutiles, mais que même elle dût être déclarée nulle, aux termes de l'art. 2146 qui refuse tout effet aux inscriptions prises depuis l'ouverture de la succession, lorsque celle-ci est acceptée sous bénéfice d'inventaire (2).

Il faut reconnaître cependant que le bénéfice d'inventaire étant un secours organisé en faveur de l'héritier, un avantage dont la loi lui permet d'user, il doit

(1) Art. 988 et 989, Cod. proc. civ.

(2) M. Blondeau, *De la séparation des patrimoines*, p. 508 et suiv., 722 et suiv. — M. Dufresne, *Traité de la séparation des patrimoines*, n. 76. — Zachariæ, édit. de MM. Aubry et Rau, 1844, tom. IV, p. 348; Cour de Paris, 8 avril 1820.

pouvoir y renoncer quand son intérêt le demande et revenir au régime de l'acceptation pure et simple. Ce bénéfice n'a été établi qu'en vue de l'intérêt particulier de l'héritier; et s'il empêche que le patrimoine du défunt se confonde avec le sien propre, ce n'est point en réalité au profit des créanciers héréditaires qu'il opère cette séparation, mais bien contre eux au profit de l'héritier. Il faut donc admettre que celui-ci peut renoncer expressément au bénéfice d'inventaire; il peut y renoncer aussi tacitement en faisant acte d'héritier pur et simple (1). Il fait acte d'héritier pur et simple lorsqu'il vend les biens de la succession, en négligeant les formalités prescrites par la loi; ce n'est point véritablement alors une peine qu'il encourt, il est présumé seulement avoir abdiqué le régime bénéficiaire et renoncé aux avantages qu'il lui conférait; en un mot, il est *réputé* héritier pur et simple (1). — Si, d'un autre côté, la loi assure certaines garanties aux créanciers héréditaires, en cas d'acceptation bénéficiaire, c'est qu'il fallait les mettre à l'abri des dangers qu'une pareille acceptation peut entraîner pour eux, et, tout en affranchissant l'héritier de l'obligation personnelle de payer les dettes du défunt, prendre toutes les mesures propres à leur assurer la conservation de leur gage. Les créanciers héréditaires jouiront des avantages, qui sont pour eux la compensation de ceux dont profite l'héritier lui-même, tant que celui-ci persistera à demeurer dans le régime bénéficiaire; s'il renonce au

(1) Art. 800, Cod. Nap.
(2) Art. 988, Cod. proc. civ.

droit qui lui est propre, ces sécurités offertes aux créanciers disparaissent, il est vrai ; mais ils ne sauraient s'en
plaindre, car elles n'ont plus de raison d'être. En revenant au régime d'acceptation pure et simple, l'héritier
s'engage à payer les créanciers du défunt même *ultrà
vires successiónis ;* c'est la position la plus favorable qui
puisse leur être faite. Ils ont de leur côté un droit
introduit dans leur intérêt particulier, celui de se faire
payer, au moyen de la séparation des patrimoines,
exclusivement et préférablement aux créanciers personnels de l'héritier sur les biens du défunt, et même, en
cas d'insuffisance de ces biens, de recourir ensuite
contre l'héritier, une fois ses propres dettes acquittées;
mais s'ils veulent conserver l'exercice de ce droit, ils doivent soit faire faire eux-mêmes l'inventaire du mobilier
de la succession, afin d'en empêcher la confusion matérielle avec le patrimoine de l'héritier (1), soit prendre
sur chacun des immeubles l'inscription prescrite par
l'art. 2111, dans les six mois de l'ouverture de la
succession. C'est en vain qu'on voudrait prétendre
qu'une telle inscription ne doive produire aucun effet,
aux termes de l'art. 2146 ; autrement, il y aurait entre
les dispositions de ces deux articles une contradiction
flagrante. Le but de l'art. 2146 est simplement de déterminer d'une manière irrévocable, au moment du
décès du débiteur, la position respective de ses créanciers, alors que l'acceptation bénéficiaire de la succession semble indiquer qu'elle est insolvable, et c'est
afin d'empêcher qu'aucun des créanciers héréditaires

(1) M. Dufresne, *Traité de la séparation des patrimoines,* n. 78.

ne puisse s'attribuer un droit de préférence sur les autres, qu'il déclare comme étant *entre eux* sans effet les inscriptions qui pourraient être prises depuis l'ouverture de la succession; mais cet article est évidemment inapplicable à l'inscription de l'art. 2111, destinée à conserver aux créanciers héréditaires la préférence résultant pour eux du bénéfice de séparation des patrimoines *contre les créanciers personnels de l'héritier* (1).

Du reste, l'hypothèse dans laquelle l'héritier, après avoir accepté la succession sous bénéfice d'inventaire, revient ensuite à une acceptation pure et simple, n'est pas la seule où les créanciers et les légataires de la succession doivent prendre les mesures propres à leur assurer la conservation de leur droit de séparation des patrimoines, s'ils veulent l'exercer plus tard à tout événement. Ainsi, par exemple, il peut se faire que l'héritier bénéficiaire soit évincé de la succession par un héritier qui l'accepte purement et simplement ; ou bien encore, après que la succession a été déclarée vacante et pourvue d'un curateur (2) (ce qui met évidemment les créanciers héréditaires, sur les biens dont la succession se compose, à l'abri de tout concours de la part des créanciers personnels d'un héritier qui demeure inconnu), il pourrait arriver que l'héritier qui se présente ensuite pour recueillir l'hérédité, l'accepte aussi purement et simplement (3).

(1) M. Malpel, *Success. ab intest.*, p. 485, n. 240.—M. Duranton, tom. VII, n° 47. — M. Cabantous, *Revue de législation*, 1836, p. 41 et 42.—Voir aussi M. Bonnier, id., 1841, p. 487 et 488.

(2) Art. 811-814, Cod. Nap.

(3) Voir M. Zachariæ, tom. IV, p. 348 et suiv. — M. Blondeau, p. 508 et suiv.

Nous terminons ici l'étude de la matière de la séparation des patrimoines. « Il n'est pas de matière du droit
privé, disait M. Blondeau, sur laquelle les auteurs de
notre Code civil aient plus vaguement exprimé leur
pensée, je pourrais même dire sur laquelle ils aient eu
des idées moins arrêtées (1). » Il semble qu'un pareil
sujet ne puisse avoir d'autre attrait que celui des difficultés qu'il présente, et offrir d'autre intérêt que celui
d'une étude où les raisons de douter sont grandes, où
les principes du droit ne sont point nettement définis, et
où par conséquent les applications sont fort incertaines.
Et pourtant, placée à côté de la théorie de la loi des
successions, remède apporté à la confusion des patrimoines résultant de la transmission des biens par décès,
secours offert aux créanciers et aux légataires d'une personne décédée, l'institution du bénéfice de séparation
des patrimoines a pour but d'assurer l'exécution des
obligations que le défunt a contractées envers eux ou
des libéralités qu'il leur a faites : ainsi elle est une garantie du crédit des citoyens, une sécurité pour leurs
transactions, en même temps qu'une consécration
de l'un des plus nobles attributs et de la prérogative la
plus éminente du droit de propriété (2). L'homme a
disparu de la terre ; son corps n'est plus que poussière,
et cependant sa volonté demeure encore souveraine.
Autorité sacrée, idéale et merveilleuse puissance ! Ce
respect des engagements de ceux qui ne sont plus, des

____

(1) A la première page du *Traité de la séparation des patrimoines.*

(2) M. Jaubert, *Rapport au tribunal*, sur le titre des Donations, Locré,
tom. XI, p. 433.

dernières volontés des mourants, consolation suprême que le monde puisse offrir à ceux qui le quittent, semble apparaître aussi comme une manifestation de plus qu'il y a encore pour l'homme quelque chose par delà le tombeau (1). L'espérance que les êtres qui nous sont chers recueilleront un jour le fruit de notre travail et de nos efforts nous soutient ici-bas dans les luttes quotidiennes de la vie; l'hérédité, à laquelle la séparation des patrimoines ne déroge en quelque sorte que pour mieux en sanctionner les devoirs et en garantir les charges, transmet au fils les obligations en même temps que les droits du père; elle empêche ainsi la société de finir et de recommencer avec chaque génération; en les reliant toutes les unes aux autres, elle maintient une solidarité d'honneur entre les divers membres de la famille; et, dans nos jours où tout est si profondément troublé, en rattachant le présent au passé, elle reste encore comme un des meilleurs gages de sécurité pour l'avenir (2).

(1) Leibnitz, *Nova methodus discendæ docendæque jurisprudentiæ*, pars II, § 20. — Cicéron, *Tusculanes*, liv. I-XIV. — *De finibus bonor et mal.*, liv. III, 10 et 20. — M. Troplong, *Donations et testaments*, chap. I, n. 12, 13, 14 et 15.

(2) M. Thiers, *De la propriété*, liv. I, chap. X; *De l'influence de l'hérédité sur le travail*, p. 05 et 06, édit. popul. — Voir M. Troplong, *Préface des Donations*, p. CLI.

POSITIONS

<hr>

Droit Romain.

I. Le bénéfice de séparation des patrimoines dont jouissent les créanciers et les légataires de la succession n'est qu'une des applications d'une théorie générale sur divers cas de séparation de biens, et se rattache, comme incident, à la procédure en expropriation forcée dirigée contre le débiteur.

II. Le droit de demander la séparation des patrimoines appartient aux créanciers et aux légataires conditionnels.

III. Lorsque le débiteur principal devient héritier du fidéjusseur qui l'avait cautionné, le créancier peut demander la séparation des biens du fidéjusseur ; et, s'ils sont insuffisants pour le payer, il peut recourir ensuite contre le débiteur.

IV. Les principes du droit s'opposent à ce que les créanciers héréditaires qui ont demandé la séparation des biens du défunt, puissent, en cas d'insuffisance de ceux-ci, revenir contre l'héritier.

V. Après l'introduction par Justinien du bénéfice d'inventaire, il y a encore utilité par les créanciers héréditaires à demander la séparation des patrimoines.

VI. Lorsqu'un débiteur a successivement hypothéqué ses biens à venir à plusieurs de ses créanciers, il y a lieu néanmoins d'appliquer la règle : *Prior tempore, potior jure.*

Code Napoléon.

VII. L'inscription prescrite par l'art. 2111 pour la conservation du *privilége* de séparation des patrimoines, n'a point pour effet de convertir ce bénéfice en une hypothèque privilégiée conférant aux créanciers héréditaires un droit de suite contre les tiers détenteurs. — Elle a seulement pour objet de réglementer la conservation de leur droit de préférence vis-à-vis des créanciers personnels de l'héritier.

VIII. La demande en séparation des patrimoines et l'inscription prise pour conserver le droit de préférence qui résulte de ce bénéfice, ne peuvent modifier la position respective des créanciers et des légataires de la succession : entre eux, leurs droits doivent être réglés comme au moment où s'est opérée la confusion des deux patrimoines du défunt et de l'héritier.

IX. Le créancier héréditaire qui demande la séparation des patrimoines peut se faire payer, sans tenir compte de la division de la dette entre les cohéritiers, jusqu'à concurrence de la valeur de la portion que chacun d'eux a recueillie dans le patrimoine héréditaire.

X. L'hypothèque légale des légataires ne se confond pas avec leur droit de demander la séparation des patrimoines.

XI. Les créanciers héréditaires, en cas d'insuffisance des biens de la succession pour les payer intégralement, peuvent recourir ensuite contre l'héritier, mais seulement après le désintéressement de ses créanciers personnels.

XII. En cas d'acceptation bénéficiaire de la succession par l'héritier, les créanciers héréditaires doivent néanmoins, pour conserver d'une manière absolue le droit de préférence que leur confère la séparation des patrimoines, prendre, dans les six mois de l'ouverture de la succession, sur les immeubles qu'elle comprend, l'inscription prescrite par l'art. 2111.

XIII. Le ministère public ne peut former opposition à un mariage, en se fondant sur des empêchements dirimants ou simplement prohibitifs, d'ordre public.

XIV. L'enfant naturel ne peut être adopté par l'auteur qui l'a reconnu.

XV. La clause pour laquelle un testateur, en léguant des biens à des enfants mineurs, en enlèverait l'administration à leur père, doit être réputée non écrite.

XVI. Les donations déguisées sous la forme de contrats à titre onéreux ne sont pas valables; dans tous les cas, elles devraient être soumises à l'obligation du rapport.

XVII. La dot mobilière n'est pas inaliénable.

Procédure Civile.

XVIII. La tierce-opposition n'est ni une voie purement facultative, ni une voie toujours obligatoire : elle est un moyen ouvert à toute personne qui n'a point figuré dans un jugement, soit d'échapper au préjudice de fait que pourrait lui causer l'exécution de ce jugement, soit aussi, dans certains cas, de faire tomber ce jugement lui-même, en tant qu'il préjudicierait à ses droits.

Code de Commerce.

XIX. L'inscription prise par les syndics d'une faillite, conformément à l'art. 490, sur les immeubles du failli, n'établit point au profit de ses créanciers un véritable droit d'hypothèque. En conséquence, les créanciers du défunt, qui, lorsque l'héritier est tombé en état de faillite , n'ont pris qu'après cette inscription requise par les syndics et postérieurement au délai de six mois à partir de l'ouverture de la succession, l'inscription prescrite par l'art. 2111 du Code civil, conservent cependant leur droit de préférence sur les immeubles héréditaires.

XX. La remise faite au débiteur par concordat n'est pas sujette à rapport.

Droit Criminel.

XXI. Les préfets dans les départements et le préfet de police à Paris n'ont pas le droit, surtout hors le cas de flagrant délit, de saisir dans les bureaux de la poste les lettres qui lui ont été confiées.

XXII. Sous l'empire du Code d'instruction criminelle, l'accusé acquitté par le jury peut être repris devant le tribunal de police correctionnelle en raison du même fait, qualifié de délit.

Droit Administratif.

XXIII. La propriété des petites rivières appartient aux riverains.

XXIV. En cas d'expropriation pour cause d'utilité publique, les baux qui n'ont pas acquis date certaine au jour du décret déclarant l'utilité publique, ou même au jour du jugement d'expropriation, sont néanmoins opposables à l'administration.

Droit des Gens.

XXV. La guerre ne rompt pas tous les traités qui existaient entre les parties belligérantes.

XXVI. La conquête n'est pas à elle seule un moyen légitime d'acquisition du territoire envahi.

Histoire du Droit.

XXVII. L'ancienne noblesse française a son point de départ dans l'antrustionat, qui, purement personnel à l'origine, devint transmissible et héréditaire à l'époque où les bénéfices eux-mêmes le devinrent.

XXVIII. L'affranchissement des communes n'est pas l'œuvre unique de.la royauté ; elle n'a fait qu'y concourir.

Vu par le Président de la thèse,
VUATRIN.

Vu par le Doyen de la Faculté,
C. A. PELLAT.

PERMIS D'IMPRIMER :
Le Vice-Recteur de l'Académie,
ARTAUD.

IMPRIMERIE RENOU ET MAULDE, RUE DE RIVOLI, 144.   12350

ERRATA.

Page 50, *lignes* 6 *et* 7, *au lieu de :* N'ont plus le droit de rien réclamer au défunt, *lire :* N'ont plus le droit de rien réclamer à l'héritier.

Page 72, *ligne* 1re, *au lieu de :* Il pourrait donc sembler ; *lire :* Il pouvait donc sembler.

Page 101, *ligne* 19, *au lieu de :* L'art. 211, *lire :* L'art. 2111.

Page 150, *lignes* 14 *et* 15, *au lieu de :* L'eût laissée disponible, *lire :* Eût laissée disponible ; et, *ligne* 27, *au lieu de :* Le défunt pourrait disposer, *lire :* Le défunt pouvait disposer.

Page 153, *ligne* 10, *au lieu de :* Qu'ils n'auraient pas encore eu besoin, *lire :* Qu'ils n'auraient pas encore eu le soin.

Page 163, *ligne* 13, *au lieu de :* L'action ou résolution. *lire :* L'action en résolution.

www.ingramcontent.com/pod-product-compliance
Lightning Source LLC
LaVergne TN
LVHW052155050726
842523LV00017B/360